Michael Bartz • Thomas Schmutzer

New World of Work

Warum kein Stein auf dem anderen bleibt.
Trends – Erfahrungen – Lösungen

Linde
international

Bibliografische Information der Deutschen Nationalbibliothek

Die Deutsche Nationalbibliothek verzeichnet diese Publikation in der Deutschen National-
bibliografie; detaillierte bibliografische Daten sind im Internet über http://dnb.d-nb.de abrufbar.

ISBN 978-3-7093-0535-5

Umschlag: buero8
© LINDE VERLAG Ges.m.b.H., Wien 2014
1210 Wien, Scheydgasse 24, Tel.: 01/24 630
www.lindeverlag.de
www.lindeverlag.at

Satz: psb, Berlin
Druck und Bindung: PBtisk a.s.
Dělostřelecká 344, 261 01 Příbram, Tschechien – www.pbtisk.eu

Inhalt

Vorwort 7

Einleitung 9

Kapitel 1: ... wie wir es immer gemacht haben 13

Kapitel 2: Human Resources 21

Kapitel 3: IT 47

Kapitel 4: Organisation 65

Kapitel 5: Customer Service 85

Kapitel 6: Marketing & Sales 103

Kapitel 7: Produktion und Forschung & Entwicklung 125

Kapitel 8: Aufbruch in die neue Welt des Arbeitens 143

Dank 187

Weiterführende Ressourcen 189

Die Autoren 191

Vorwort

Unsere Arbeitswelten verändern sich derzeit grundlegend. Arbeit findet längst nicht mehr zu definierten Kernarbeitszeiten im Büro statt. Aufgaben und Anforderungen werden immer vielfältiger und gehen mit steigender Projektarbeit einher.

Die Digital Natives – oder Generation Y – treffen mit ganz anderen Erwartungshaltungen und Forderungen auf den Arbeitgeber als die Generationen davor. Dieser Generation ist es zu verdanken, dass ein breites Phänomen, das sich immer mehr herauskristallisierte, noch deutlich beschleunigt wurde. Dieses Phänomen betrifft die immer stärkere Individualisierung der Anforderungen jedes Einzelnen an seinen „Arbeitsplatz".

Hier sprechen wir nicht nur von Forderungen nach mobilem und flexiblem Arbeiten und auch nicht nur davon, dass sich Mitarbeiter ihre Endgeräte und Devices selber auswählen wollen. Es geht vielmehr um eine grundlegende Veränderung der Arbeits- und Führungskultur im Unternehmen sowie der Kommunikation und Zusammenarbeit mit Kollegen, Partnern und Kunden. Vermehrt wollen Kunden beispielsweise immer stärker mitgestalten und kommentieren lauter und öffentlicher ihre Erlebnisse mit Unternehmen.

Durch die starke Flexibilisierung und Individualisierung der Arbeit jedes Einzelnen funktionieren bislang geltende Management-, Zusammenarbeits- und Führungsprinzipien immer schlechter, was sich sukzessive auch auf die Performance der Unternehmen auswirkt. Etablierte Spielregeln in den Märkten werden mehr und mehr hinterfragt.

Diese Veränderungen betreffen Unternehmen aller Größenordnungen und Industrien. Und wie so oft bergen Veränderungen massive Chancen. Für flexible Unternehmen birgt die rasche Entwicklung zum Unternehmen der nächsten Generation sogar überproportional hohe Chancen. Während große Konzerne oftmals etwas Zeit benötigen, um auf solche weitreichenden Veränderungen zu reagieren, können Unternehmen, die nun rasch handeln,

Marktanteile und Erfolge für sich einfahren. Unternehmen, die sich wiederum nicht rechtzeitig auf die Reise begeben und passiv abwarten, riskieren einen entscheidenden Wettbewerbsnachteil oder können sogar absehbar in ihrer Substanz gefährdet werden. Wir sollten daher niemals vergessen, dass der Geist der Veränderung nicht nur Mitarbeiter und potenzielle Neuaufnahmen betrifft, sondern ein Abbild der Veränderung in den Märkten darstellt.

Die nächsten Generationen haben veränderte Wertmaßstäbe, die in erster Linie mit Flexibilität und einer ausgewogeneren Work-Life-Balance zu tun haben. Ganz im Sinne Schopenhauers, der schon früh erkannt hat, dass „nichts beständiger ist als der Wandel". Aktiv gestaltende ManagerInnen werden dies bei der Entwicklung ihrer Unternehmen ins Kalkül ziehen müssen.

Trotz vieler Jahre in unterschiedlichen Branchen und Unternehmen, als Berater oder in Führungsfunktionen im In- und Ausland, muss ich zugeben, dass dieses aktuelle Phänomen in der Arbeitswelt uns alle vor neue Herausforderungen stellt. Daher empfehle ich Ihnen, sich in diesem Buch in die Hauptperson der Geschäftsführerin hineinzuversetzen und mit ihr diese Entwicklungen und breiten Auswirkungen der Veränderungen der Arbeitswelt kennenzulernen und für sich mögliche Strategien abzuleiten.

Ing. Rudolf Kemler
CEO der ÖIAG (Österreichischen Industrie Holding AG)
Wien, Januar 2014

Einleitung

Kaum ein Unternehmen kann sich den veränderten Bedingungen unserer Arbeitswelt entziehen. Mobiles und flexibles Arbeiten ist nur eine der Ausprägungsformen der neuen Arbeitswelten, die sich derzeit entwickeln. Insgesamt lassen sich fünf Haupttrends identifizieren, die die Arbeitsweisen von und in Unternehmen grundlegend verändern:

→ Das Büro nicht mehr als einziger Ort für Arbeit
→ Zunehmende Diversität der Arbeitsstile – von Digital Natives bis hin zu Silverliner
→ Die Auflösung von Unternehmensgrenzen gegenüber Kunden[1] und Lieferanten
→ Die Auflösung traditioneller Organisationsstrukturen
→ Die schrittweise Substitution von Vollzeitbeschäftigung durch alternative Beschäftigungsformen

Weltweit reagieren Unternehmen auf diese Veränderung durch Anpassungen und eine gezielte Entwicklung zum „Unternehmen der nächsten Generation".

Wir haben mit vielen Vertretern der Wirtschaft gesprochen und festgestellt: Das Thema und viele Ausprägungen davon sind weitgehend bekannt! Viele Unternehmen beginnen auch, sich dieser Themen anzunehmen, oftmals mit unterschiedlichen Schwerpunkten und Stoßrichtungen.

Die positive Nachricht ist: Die Entwicklung steht Unternehmen aller Größenordnungen und Industrien offen. Gerade für kleine und mittlere Unternehmen birgt die Entwicklung zum Unternehmen der nächsten Generation überproportional hohe Chancen. Positiv ist auch: Die Transformation rechnet sich. Die Einführung neuer Arbeitsformen führt zu klar messbaren betriebs-

---

1 In diesem Buch wird aus Gründen der besseren Lesbarkeit meist die männliche Wortform verwendet. Selbstverständlich sind jedoch stets Männer und Frauen gemeint.

wirtschaftlichen Vorteilen. Die Kehrseite der Medaille ist: Unternehmen, die sich nicht rechtzeitig auf die Reise begeben und passiv abwarten, erleiden einen entscheidenden Wettbewerbsnachteil oder können sogar absehbar in ihrer Substanz gefährdet werden.

Daher lautet das Ziel dieses Buches: ein Bewusstsein für den Arbeitsplatz der Zukunft – der eigentlich mehr und mehr zum Arbeitsplatz der Gegenwart wird – zu schaffen und diese Veränderungen als Chancen greifbar zu machen. Es versteht sich als Impuls, gibt einen Überblick über die wesentlichen Themenfelder der neuen Welt der Arbeit und Kundeninteraktion und soll die Erkenntnis reifen lassen, dass es genau jetzt an der Zeit ist, den zukünftigen Arbeitsplatz zu gestalten und dass es eine klare Führungsaufgabe ist, jetzt formend und gestaltend einzugreifen, und dass dies je nach Unternehmen anders und spezifisch zu gestalten ist.

Der Grundgedanke des Buches besteht darin, ein Sachbuch in die Form eines Romans zu bringen. So können aus der Perspektive einer fiktiven Managerin in einzelnen Situationen und Gesprächen diese Veränderungen erlebt und mit ihr gemeinsam ein Lösungsansatz entwickelt werden.

Handlungsempfehlungen und Denkanstöße zeigen, auf welche Aspekte besonders geachtet werden sollte und wie dieses „Mitgestalten" aussehen kann. Hier ist es besonders essenziell, die Grenze zwischen „allgemein genug" und „hinreichend konkret" bewusst und genau zu ziehen. Die Idee besteht darin, Erkenntnisse aus der Wirtschaft mit solchen der Wissenschaft und Forschung zu verbinden. Der Leser profitiert somit von wirtschaftlicher Praxiserfahrung, die mit Facts und Findings aus der Wissenschaft zusätzlich aufgewertet und durch Experteninterviews bestätigt wird. Am Ende des Buches bieten wir praktikable Vorschläge für Unternehmen an, um für sich individuelle Visionen der neuen Welt des Arbeitens zu entwickeln. Als Leserin oder Leser finden Sie einen Fahrplan skizziert, wie Sie ab morgen mit der Entwicklung des Arbeitsplatzes der Zukunft beginnen und erste konkrete Schritte setzen können.

Über dieses Buch

Viktoria Frey ist Geschäftsführerin eines alteingesessenen Industriebetriebs. Die Firma mit Sitz in Österreich und Produktionsstätten in sieben weiteren Ländern besitzt ein weltweites Netz an Verkaufs- und Marketingbüros. Die rund 5000 Mitarbeiter, von denen die meisten in der Produktion tätig sind, versorgen die globale Industrie mit hochqualitativen, industriell gefertigten Produkten. Als einer der führenden Anbieter in vielen Business-to-Business-Märkten setzt man auf Qualität und Innovation und blickt zurück auf über 30 Jahre Erfahrung.

Als es vor einigen Jahren zu Umsatzeinbußen kam, begann das Unternehmen seine Strategie zu ändern und sich auch dem Endkundenmarkt zuzuwenden. Während der Hauptfokus weiterhin auf dem B2B-Bereich liegt, werden nun auch Endkunden adressiert und auf die Qualität der Produkte aufmerksam gemacht. Diese Strategieänderung zielt darauf ab, ins Relevant Set von Endkunden zu rücken, die ihrerseits eine gezielte Nachfrage generieren und somit Lieferanten beauftragen, exakt diese Produkte nachzufragen. Und der Erfolg gibt der Firma recht: Nach einigen mageren Jahren wurde im letzten Jahr wieder ein Umsatz auf demselben Niveau wie vor dem Einbruch erreicht. Die Krise war überwunden.

Doch plötzlich verliert das Unternehmen den sicher scheinenden Auftrag eines langjährigen Kunden und Viktoria Frey begibt sich auf die Suche nach den Ursachen dafür. Gemeinsam mit weiteren Managern des Unternehmens erkennt sie nach und nach, dass der verlorene Auftrag nur die Spitze des Eisbergs war und weitaus größere Herausforderungen auf das Unternehmen warten.

Kapitel 1

... wie wir es immer gemacht haben

„Noch zwei Tage." Als Viktoria Frey die Augen öffnete, war es dunkel im Raum. Wenige Minuten später läutete der Wecker und der Gedanke hatte sie immer noch fest im Griff. Zwei Tage noch. „Wir brauchen diesen Auftrag", dachte sie.

„Warum mache ich mir eigentlich Sorgen?", versuchte sie sich auf dem Weg ins Büro zu beruhigen. Die Straßen waren dunkel und der Morgenverkehr hatte noch nicht eingesetzt. „Wir haben mit Hochdruck gearbeitet, das Team hat sein Bestes gegeben. Und schließlich pflegen wir mit dem Kunden eine langjährige, gute Geschäftsbeziehung." Und doch nagten diese Gedanken an ihr. „Hat unser Bestes auch wirklich gereicht? Der neue Mitbewerber ..."

Als in der Firma – ihrer Firma – langsam das Leben und damit das Tagesgeschäft einsetzte, rückte der Gedanke etwas in den Hintergrund. Zu voll war der Kalender, die Termine waren teilweise doppelt und dreifach belegt, zu viele Anrufe und Nachrichten waren auf der Voice Mail. Es blieben keine Zeit und kein Raum – auch nicht für die Unruhe, über die sie sich insgeheim ärgerte: „Nach all den Jahren hast du immer noch Lampenfieber, flattern dir immer noch hin und wieder die Nerven." Auf dem Programm standen das wöchentliche Jour fixe mit den Bereichsleitern, eine Pressekonferenz – Gott sei Dank im Haus – zum Launch des neuen Prototypen und ein kurzfristig einberufenes Eskalationsmeeting mit einem Lieferanten.

Es war ein günstiger Zufall, dass auch ihre Verabredung für den Mittagstermin „im Stau stand" und sich ein paar Minuten verspätete. Ein paar Minuten, die ihre Unruhe schamlos nutzte, um zurückzukehren. „Arbeit ist noch immer die beste Ablenkung", dachte Viktoria, als sie beschloss, der Unruhe entgegenzuwirken und die unerwartet gewonnene Zeit für sich zu nutzen. Sie zog einen Expertenbeitrag zum Thema „Mobiles Arbeiten" aus ihrer Tasche und begann zu lesen.

● ●

EXPERTENBEITRAG
Mag. Jochen Borenich, MBA
Kapsch BusinessCom AG
Mitglied des Vorstands

Mobiles Arbeiten
Durch den Wandel der Zeit ist mobiles Arbeiten zum fixen Bestandteil unserer heutigen Arbeitswelt geworden. Zahlreiche Studien untermauern, dass die Mobilität der Mitarbeiter einer der wichtigsten Trends in der heutigen Arbeitswelt geworden ist. Rund 20 Prozent aller Dienstnehmer in der EU verbringen wöchentlich mehr als zehn Stunden ihrer Arbeitszeit außerhalb des Büros, und die Tendenz ist stark steigend, diese Zahl wird sich bereits in den nächsten Jahren verdoppeln. Aktuelle technologische Entwicklungen unterstützen dabei diese neuen Arbeitsweisen. Die Geschwindigkeit, mit der etwa Tablets den Markt durchdringen, ist mit keiner anderen Technologieentwicklung vergleichbar. Während die PC-Verkaufszahlen stagnieren, wurden beispielsweise im Jahr 2012 rund 120 Millionen Tablets am Markt platziert. Eine beeindruckende Absatzmenge in einem Markt, der erst im Jahr 2010 von Apple durch den Verkauf von iPads kreiert wurde.

Zwischenzeitlich sind neben dem iOS von Apple vielfältige Plattformen am Markt verfügbar, wie zum Beispiel das Google-Betriebssystem Android oder Microsoft Windows. Die Herausforderung für Unternehmen liegt daher darin, mit den unterschiedlichen Plattformen umzugehen. In vielen Fällen ist es nicht mehr möglich, Unternehmensstandards vorzugeben, da Mitarbeiter ihre privaten Endgeräte auch für Geschäftszwecke nutzen. Zwischenzeitlich hat rund die Hälfte aller „Information Worker" Interesse, Smartphones und Tablets selbst auszuwählen, sie sind nicht bereit, sich mit vorgegebenen Standards zufriedenzugeben. Zwischenzeitlich befinden sich rund 50 Prozent aller im Business genutzten Smartphones im Eigentum der Mitarbeiter.

Die sichere Anbindung und Integration von mobilen Devices in das Unternehmensnetzwerk stellt daher für Unternehmen meist die erste Herausforderung dar. Darauf aufbauend sind der Zugriff auf unternehmensinterne Systeme sowie die Nutzung bzw. Entwicklung von Enterprise Apps der nächste Schritt, um die Effizienz zu steigern und Prozesskosten zu optimieren. Innerhalb der verfügbaren Applikationen in den diversen Stores konnten Business Apps das stärkste Wachstum verzeichnen. Insbesondere mobile Applikationen für die Fertigungsindustrie nehmen hier eine führende Position ein. Die App Stores von Apple oder Google steuern dabei bereits auf die magische Marke von 1.000.000 zu.

Die schnellere Reaktionsfähigkeit und Steigerung der Produktivität sind meist die Hauptfaktoren für die Nutzung von mobilen Lösungen. Die Verfügbarkeit von Netzwerkbandbreiten und die Nutzung von Cloud-Technologien ermöglichen jederzeit und überall den Zugriff auf Applikationen und Daten.

Auch wenn durch mobile Lösungen neue Möglichkeiten für Unternehmen entstehen, so wird das Thema Sicherheit noch immer als größtes Hindernis für die Umsetzung von Mobilitätsstrategien gesehen. Rund um das Thema Sicherheit sind aber bereits eine Reihe entsprechender Lösungen verfügbar, die Unternehmen in den neuen mobilen Arbeitswelten schützen.

Neben Sicherheitsrisiken entstehen jedoch vor allem neue Chancen für die Nutzung von mobilen Lösungen. Dabei entstehen diese Lösungen vor allem in vier Hauptbereichen.

→ Mobile Lösungen werden oft zuerst auf der Managementebene eingeführt, um einerseits permanent auf Messaging-Plattformen zugreifen zu können, andererseits aber auch, um Reporting- und Analysemethoden nutzen zu können, um auf diese Weise die Entscheidungsgeschwindigkeit zu optimieren.

→ Das zweite Hauptanwendungsgebiet stellt der Vertrieb dar, hier eröffnen die mobilen Innovationen neue Präsentationsmöglichkeiten beim Kunden. Die gemeinsame Verwendung von Konfigurationstools sowie der Online-Zugriff auf alle relevanten Informationen befördern letztendlich eine rasche Entscheidungsfindung beim Kunden.

→ Als dritter Anwendungsbereich werden vielfältige Lösungen im technischen Umfeld genutzt, um beispielsweise Einsatzsteuerungen durchzuführen oder detaillierte technische Informationen wie etwa Konstruktionszeichnungen vor Ort verfügbar zu machen.

→ Als vierter und letzter Anwendungsbereich mobiler Lösungen ist die Aus- und Weiterbildung zu nennen. In einigen Ländern sind Tablets bereits Teil des Schulalltags geworden, wo sie unter anderem ergänzend zu Schulbüchern eingesetzt werden. Dieser Trend setzt sich an den Universitäten fort, wo an Vorlesungen per Video teilgenommen werden kann, ebenso im Unternehmensumfeld, wo mobile Endgeräte für Weiterbildungsmaßnahmen genutzt werden.

Somit sind mobile Geräte weder aus unserem privaten noch unserem beruflichen Umfeld wegzudenken. Es liegt nun in der Hand der jeweiligen Unternehmen, durch eine sichere Integration die Nutzenpotenziale auszuschöpfen.

• •

Der Anruf erreichte Viktoria Frey am späten Nachmittag. „Wieso rufen die heute schon an? Die Entscheidung fällt doch erst übermorgen", schoss es ihr durch den Kopf, während sie ihr Telefon zur Hand nahm.

Nachdem sie das Telefonat beendet hatte, gönnte sie sich keine Pause. Sie wusste, dass sie handeln musste. Jetzt!

30 Minuten später saß die gesamte Führungsriege der Firma in ihrem Büro. „Wir haben den Auftrag verloren", eröffnete sie den Bereichsleitern ohne Umschweife. „Ich erwarte Ihre Vorschläge …"

Einen Augenblick lang herrschte Stille im Raum, sechs Augenpaare starrten die Geschäftsführerin an, als müsste sich die Botschaft erst langsam zu ihnen vorarbeiten. Dann brach von einer Sekunde auf die nächsten ein Stimmengewirr los.

Nachdem Viktoria wieder für Ruhe gesorgt hatte, meldete sich Markus Schmidt, der Sales-und-Marketing-Bereichsleiter: „Warum?", fragte er. „Aus welchem Grund haben wir den Auftrag verloren?"

Viktoria erzählte ihnen von dem Anruf, der sie vor etwa einer halben Stunde erreicht hatte. Es war wohl für beide Partner kein leichtes Gespräch gewesen. Denn auch dem Kunden, mit dem man in all den Jahren der erfolgreichen Geschäftsbeziehung recht nah zusammengerückt war, fiel die Absage schwer, aber es hätten einfach wirtschaftliche Faktoren gegenüber immateriellen, emotionalen überwogen. Und bereits kurze Zeit nach Eingang der Angebote hätte sich herausgestellt, dass ein anderer Anbieter einfach besser gewesen sei. „Wir schließen daher nun unseren neuen Vertrag mit diesem Anbieter", hatte der Kunde erklärt, „bleiben aber selbstverständlich darüber hinaus in Verbindung, allein schon, weil wir schon so lange in Kontakt sind."

„Mehr hat er nicht gesagt?", eröffnete Irene Tauber, die IT-Bereichsleiterin, die Diskussion. „Er muss doch konkrete Gründe genannt haben", unterstützte sie Paul Friedrich Ender, der Leiter von Produktion und F&E. Erneut kam es zu einem Stimmengewirr, Viktoria Frey wusste, dass es besser war, nun nicht zu unterbrechen und allen ein paar Minuten Zeit zu geben, um sich auf die Nachricht einzustellen. Zurückgelehnt in ihrem Sessel verfolgte sie das Gespräch der Bereichsleiter.

„Ich verstehe das nicht, es gab doch nie große Reklamationen", überlegte Christine Sigmund, die Customer-Service-Leiterin. „Was sagt denn eigentlich der Vertrieb dazu?" Einige der Kollegen waren bereits dabei, die Schuldfrage zu klären. „Dabei hat er letztes Jahr noch eine große Bestellung getätigt", „… kann ich nicht verstehen, schließlich haben wir alles gemacht, wie wir es immer gemacht haben", „Eine bereichsübergreifende Arbeitsgruppe wird sich …"

„Schließlich haben wir alles gemacht, wie wir es immer gemacht haben." In all dem Lärm, von all den Argumenten eroberte dieser Satz die Aufmerksamkeit der Geschäftsführerin und verhärtete sich zu einem Verdacht: Sind wir etwa auf dem Weg, unsere Wettbewerbsfähigkeit zu verlieren? Haben wir den Kontakt zu unserem wichtigsten Kunden deshalb verloren? Weil wir Dinge nach dem So-haben-wir-das-immer-schon-gemacht-Prinzip erledigen?

Viktoria räusperte sich und richtete sich in ihrem Sessel auf. Einen kurzen Moment später hatte sie wieder die volle Aufmerksamkeit der Bereichsleiter. Sie teilte ihnen ihre Überlegungen mit und unterband so eine weitere wenig zielführende Diskussion. Sie setzte einen Strategieworkshop mit „open end" für den kommenden Freitag an, alle waren angehalten, sich vorzubereiten und Fakten aus ihrem Bereich mitzubringen, ebenso wie die Liste der laufenden und geplanten Projekte und die entsprechenden Umsatzplanungen.

Ein langer Tag ...

Der Freitag wurde ein langer Tag, der sich mühsam dahinzuschleppen schien. Mit zähen Diskussionen, gegenseitigen Schuldzuweisungen, darauffolgenden Verteidigungsreden und vielen festgefahrenen Standpunkten. Viktoria Frey war froh, dass sie einen erfahrenen Moderator eingesetzt hatte und so in der Lage war, selbst aktiv an den Gesprächen teilzunehmen und Inputs zu liefern. „Du verdienst dir dein Geld heute wahrscheinlich schwerer als an manch anderen Tagen", dachte sie, als sie dem Moderator zusah, wie er zum wiederholten Male eingriff und Schuldzuweisungen einen Riegel vorschob.

Als sie am Abend in Gedanken versunken ihren Wagen startete, meldete sich der Ärger zu Wort. „Verdammt, wie konnte uns das bloß passieren! So viel Planung, so viele Abstimmungen, laufende Updates, voller Kundenfokus ... vermeintlich voller Kundenfokus", korrigierte sie bitter. Es gab tatsächlich nie größere Reklamationen, vielleicht waren sie irgendwie untergegangen, vielleicht hatte der Kunde aufgrund der langjährigen Geschäftsbeziehung immer wieder ein Auge zugedrückt – Viktoria wusste es nicht. Feststand, es hatte sehr wohl Beschwerden und Rückmeldungen des Kunden gegeben, die mit Sicherheit beantwortet und wohl auch gelöst, aber nie als Teil eines Ganzen oder eines generellen Problems der gesamten Firma betrachtet worden waren. Oft dauerte es nach ihrem persönlichen Empfinden zu lange, bis man Kunden antwortete und eine Lösung anbot bzw. bis man überhaupt ausliefern konnte, wie man am Beispiel der großen Bestellung im letzten Jahr gut sehen konnte.

„Steter Tropfen höhlt einfach den Stein", murmelte sie, als sie auf die Autobahn auffuhr. Es machte stark den Anschein, als hätten viele kleine Vorfälle, Verspätungen und Missgeschicke dazu geführt, dass einer der wichtigsten Kunden langsam, aber sicher das Vertrauen verloren hatte. „Und wenn dann ein anderer Anbieter auch noch finanziell attraktiver ist ... tja, dann würde ich mich wohl genauso gegen uns entscheiden, wie es der Kunde getan hat", musste sie kleinlaut zugeben. Aber warum hatte das niemand bemerkt? Wieso hatte niemand erkannt, dass hier bereits eine Fülle an Unzulänglichkeiten passiert war, Gift für die Zufriedenheit des Kunden? Viktoria merkte, dass sie in die Suche nach einem Schuldigen abglitt, und fasste sich rasch.

Sie merkte kaum, dass sie zu Hause angekommen war, so versunken war sie in die Ereignisse und Informationen des Tages. Die Klausur war ein wichtiger Schritt gewesen, der vieles an die Oberfläche befördert hatte, was im Tagesgeschäft keinen Raum fand. Viktoria beschloss, zumindest zwei Mal im Jahr ein solches Meeting anzusetzen.

Dennoch beschlich sie das Gefühl, den Problemen noch nicht einmal ansatzweise Herr geworden zu sein. Es war, als hätte sie eine Türe geöffnet, nur um festzustellen, dass dahinter viele weitere Türen auf sie warteten. Sie brauchte Zeit, die sie nicht hatte. Sie brauchte mehr Informationen. Und bevor sie das Licht ausschaltete, schickte sie noch sechs Terminanfragen an die Bereichsleiter aus.

Kapitel 2

Human Resources

Viktoria Frey sah auf ihre Uhr. Es war genau 12.54 Uhr. „Hunger!", dachte sie. An den meisten Tagen hatte sie um diese Zeit ohnehin einen Termin auswärts in einem Lokal, so konnte sie das Angenehme mit dem Nützlichen verbinden. Doch im Augenblick war ihr Fokus auf die Gespräche mit den Bereichsleitern gerichtet, alle anderen Termine hatte sie verschoben. „Vielleicht ein guter Zeitpunkt, mich einmal wieder in der Unternehmenskantine blicken zu lassen", dachte sie, während sie aufstand und nach ihrer Geldbörse griff. „Wart ihr schon essen?", rief sie hinaus zu ihrer Assistentencrew.

Obwohl die Kantine um 13.00 Uhr schloss, waren noch einige Mitarbeiter beim Essen. „Ein paar Nachzügler sind ja noch da. Muss ich wenigstens nicht alleine essen", dachte Viktoria, nachdem ihre Assistenten offenbar bereits recht pünktlich um 12.00 Uhr ihre Mahlzeit eingenommen hatten.

Sie näherte sich einem Tisch, an dem gelacht und intensiv diskutiert wurde, und fragte höflich, ob sie sich setzen dürfe. Die Gespräche verstummten in derselben Sekunde. „Na toll, ich frage mich, ob es anderen Managern auch so geht wie mir", fragte sie sich im Stillen. „Wie, bitteschön, soll man den Kontakt zu den Mitarbeitern aufrechterhalten, wie soll man erfahren, was sie wirklich bewegt, wenn sie automatisch in Schweigen oder gekünstelte Gesprächsthemen verfallen, sobald man sich auch nur nähert? Ich sollte ja beinahe froh sein, dass sie nicht schreiend davongelaufen sind, als ich mich gesetzt habe." Der Sarkasmus schien heute ein treuer Gefährte zu sein.

Als Viktoria in ihr Büro zurückkehrte, wartete Helene Rauscher, die HR-Leiterin, bereits auf sie. Sie war vor kurzem ins Unternehmen gekommen, nachdem der vorherige HR-Leiter in Pension gegangen war. Ihr Lebenslauf war beeindruckend, unter anderem hatte sie bei mehreren Unternehmenstransformationen mitgewirkt. In einigen dieser Fälle ging es um die Einführung neuer Arbeitsformen, wie zum Beispiel Home Working. Für das Unternehmen war sie ein wirklicher Glücksfall, wie sich noch herausstellen sollte. Die Geschäftsführerin sah Frau Rauscher an und war gespannt, wie sie ihre vielen Erfahrungen einbringen würde.

Die richtigen Mitarbeiter halten und gewinnen

Diese startete mit ein paar allgemeinen Zahlen und Fakten zur Mitarbeitersituation. Als sie über die Fluktuation sprachen, fiel ihnen auf, dass die Werte in den letzten Jahren kontinuierlich gestiegen waren. Es waren keine massiven oder sprunghaften Steigerungen, aber ein sanfter negativer Trend war durchaus zu erkennen. Die HR-Leiterin hatte einige Analysen dazu mitgebracht, und gemeinsam betrachteten sie ein Tortendiagramm, das zeigte, dass die Fluktuation offenbar alle Bereiche des Unternehmens in ähnlichem Ausmaß betraf. Einzige Ausnahme war der Produktionsbereich, hier schien die Mitarbeiterzahl relativ konstant zu bleiben.

„Wie schätzen Sie diese Entwicklung ein? Wodurch kam es zu diesem Anstieg an Kündigungen?", interessierte sich die Geschäftsführerin. „Offen gesagt, ist das schwierig zu beantworten, weil es hier keine klaren Daten und Fakten gibt", gestand Helene Rauscher, um sofort eine Begründung nachzuschießen. Viktoria verstand, dass es kaum möglich war, mit Mitarbeitern, die das Unternehmen verlassen hatten, erneut Kontakt aufzunehmen, um sie um ihre Meinung zu fragen. „Aber", fuhr die HR-Leiterin fort, „wir führen bereits seit längerem Exit Talks durch, aus denen wir die eine oder andere Information gewinnen konnten, und so hat sich ein gewisses Bild ergeben."

Exit Talks. Helene Rauscher brachte durchaus frischen Wind ins Unternehmen, unter anderem durch ihre Anglizismen. „Man merkt, dass du noch nicht lange bei uns bist", schmunzelte Viktoria in Gedanken und übersetzte den Begriff „Exit Talks" für sich als „Ausstiegsgespräch", also ein Gespräch, das die Personalabteilung mit einem Mitarbeiter führt, der das Unternehmen verlassen wird. „Zusammengefasst haben wir aus den Exit-Gesprächen Folgendes gelernt." Helene machte eine kleine bedeutungsvolle Pause, bevor sie weitersprach: „Die Mitarbeiter waren besonders unzufrieden darüber, dass die Arbeitsweise im Unternehmen zu starr und unflexibel ist, wie sie das mit eigenen Worten bezeichnet haben, und dass sie keinen Zusammenhang zwischen ihrer Leistung und dem ausgezahlten Gehalt beziehungsweise eventuellen Bonuszahlung gesehen haben." Die Worte schienen einen Moment im Raum stehen zu bleiben. Bevor Viktoria das Gesagte hinterfragen konnte, fuhr die HR-Leiterin fort. Die Begriffe „starr" und „unflexibel" beinhalteten auf den ersten Blick alles und nichts, wie Helene eingestehen musste. Doch im weiteren Verlauf des Gesprächs kritisierten die Mitarbeiter, dass das Unternehmen der Nachfrage nach mobilem Arbeiten nicht nachgekommen war, die Leute wollten vermehrt außerhalb der Firma ihre Arbeit verrichten.

Vorgesetzte schienen dies als eine Art „Goodie" an einzelne Mitarbeiter vergeben zu haben, was die Unzufriedenheit aber offenbar nur noch gesteigert hatte. Einerseits drang durch, dass nur einige wenige diese Vorzüge nutzen durften, während viele andere nicht in den Genuss dieses Privilegs kamen. Andererseits schienen selbst die Begünstigten weiterhin höchst unzufrieden zu sein. Sie sahen es scheinbar als ein grundlegendes Bedürfnis und sogar als ihr Recht an, mobil zu arbeiten, und waren daher richtiggehend verärgert, als man es ihnen als speziellen Vorteil verkaufen wollte. Außerdem verlangten sie vom Unternehmen ein entsprechendes Equipment, und auch der Ruf nach Kostenübernahme durch die Firma wurde laut. „Gib ihnen den kleinen Finger und sie wollen die ganze Hand", wunderte sich Viktoria und fragte nach, um welche Kosten es sich dabei handle.

„Hauptsächlich die Kosten für den Internetzugang", antwortete die HR-Leiterin, „allerdings gab es auch Stimmen, die einen Heizkostenzuschuss und sogar einen Teil der Wohnungsmiete erstattet bekommen wollten." „Was für eine Unverfrorenheit!", entfuhr es Viktoria. Doch Frau Rauscher schien ein gewisses Verständnis für diese Ideen aufzubringen. „Das ist natürlich ein perfektes Thema für den Betriebsrat", erklärte sie die Brisanz der Lage. „Wenn unsere Mitarbeiter von zu Hause arbeiten, kommt es womöglich zur Diskussion, dass wir unsere Kosten quasi den Mitarbeitern zuschieben. Prinzipiell nutzt der Mitarbeiter zum Beispiel den Internetanschluss zu Hause für rein private Zwecke – sollte sich das ändern, geraten wir eventuell in eine schwie-

23

rige Situation, wenn wir uns nicht an den Kosten beteiligen. Und genauso verhält es sich mit Miete und Energie." Viktoria ärgerte sich trotzdem über diese Forderungen. „Wieso wollen sie unbedingt eine Vermischung von privat und beruflich?", dachte sie, überlegte kurz und stellte dann genau diese Frage an die HR-Expertin.

Mitarbeitermangel und Demografie

Helene Rauscher sah sie an. Das Thema war so groß und so vielschichtig, dass sie überlegen musste, wie sie es der Geschäftsführerin am besten näherbrachte. „Lassen Sie mich Ihnen eine Grafik der demografischen Entwicklung der letzten und der kommenden Jahre zeigen", sagte die HR-Verantwortliche, während sie aus ihrer Tasche ein Tablet zog. „Interessant, ich bin also offenbar nicht die Einzige, die in der IT interveniert hat, um dieses Gerät zu bekommen", dachte die Geschäftsführerin überrascht. Als könnte sie die Gedanken der Geschäftsführerin lesen, erklärte Helene rasch, dass es sich hierbei um ihr eigenes, privates Gerät handelte. „Ich habe es gern mit dabei, rasche Info-Searches mache ich lieber auf dem Tablet als auf meinem Firmenlaptop. Das geht einfach schneller." Die beiden Frauen betrachteten den demografischen Trend, der immer mehr in Richtung Überalterung der Bevölkerung wanderte, während die HR-Leiterin erklärte, dass diese Entwicklung, gekoppelt mit günstigen Arbeitsmarktdaten, zu einem Mangel an Fachkräften führte. Durch den Rückgang der Geburtenrate würde im Jahr 2050 die Zahl der Erwerbstätigen um etwa 15 Prozent geringer sein als im Jahr 2000. Es gäbe auch Schätzungen, die davon ausgehen, dass bis zu 30 Prozent weniger Arbeitskräfte am Arbeitsmarkt zur Verfügung stehen werden. „Die vorhandene Arbeit verteilt sich auf immer weniger Schultern", brachte die HR-Expertin das Thema auf den Punkt. Daraus ergab sich, dass bereits jetzt ein „War for Talents", wie die HR-Kollegin das bezeichnete, ausgebrochen war. Die Bewerberpipelines trockneten langsam aus, und es würde immer schwieriger und aufwändiger, die richtigen Mitarbeiter zu bekommen. „Warum zeigt sie mir das?", dachte Viktoria ungeduldig. „Ich kenne all diese Fakten. Worin genau besteht nun der Zusammenhang zwischen diesem Thema und dem Kostenzuschuss für mobiles Arbeiten?", versuchte sie daher das Gespräch voranzutreiben.

Helene Rauscher bat noch um etwas Geduld und referierte, dass eine „gesunde" Alterspyramide in jeder Firma etwa zu 30 Prozent aus Mitarbeitern bestehen sollte, die unter 30 waren, und kam wieder auf den bereits erwähnten „War for Talents" zurück. „Diese Personen nennt man in HR-Kreisen ‚Digital Natives', man bezeichnet damit alle, die …" „1980 oder später geboren wurden und mit Computer & Co aufgewachsen sind", unterbrach die Geschäftsführerin, der das Gespräch immer noch zu langsam voranschritt.

„Diese Personen sind anders aufgewachsen als wir", ließ sich die HR-Leiterin nicht aus dem Konzept bringen und beantwortete damit gleichzeitig die Frage, ob sie selbst zu dieser Gruppe gehörte. Sie war deutlich über 40 Jahre alt und gehörte somit definitiv nicht dieser Generation an, jedoch hatte sie sich eingehend mit dem Thema beschäftigt. „Sie sind absolute Profis, was die Verwendung digitaler Medien betrifft, ihre Kommunikation läuft zu einem beträchtlichen Teil über neue Internetmedien, und sie sind Individualisten auf höchstem Niveau, die ihre Umgebung gerne selbst gestalten. Dabei trennen sie kaum zwischen privat und beruflich, zwischen Chat mit Freunden und Chat mit Kollegen, sie wollen alle Medien, die sie zu Hause nutzen, auch beruflich verwenden – auf Geräten, die ihnen Spaß machen und die ihnen gehören. Oder lassen Sie es mich noch drastischer formulieren: Sie haben keinerlei Verständnis dafür, warum sie beruflich anders kommunizieren und agieren sollten, als sie es auch privat mit Erfolg tun, und warum sie dafür andere Tools verwenden sollen." „Klingt schon ein wenig extravagant", meinte die Geschäftsführerin. „Extravagant vielleicht", antwortete Helene, „aber sie sind absolute Profis im Umgang mit digitalen Medien. Sie arbeiten vielleicht anders, als wir das gewohnt sind, aber dafür um nichts weniger erfolgreich oder langsamer – ganz im Gegenteil. Wir brauchen diese Leute, sie sind die Talente von morgen. Eigentlich sind sie schon die Talente von heute. Wenn wir uns ihren Bedürfnissen nicht stellen, dann vergeben wir eine Chance und Potenzial für unser Unternehmen. Wir verschließen die Türen unserer Firma für junge, hungrige, aufstrebende Mitarbeiter. Leute, die schnell und viel arbeiten und denen Arbeit Spaß macht. Leute, die immer und überall produktiv sein können. Die gelernt haben, Probleme vernetzt zu lösen."

Helene Rauscher sprach immer schneller. Überrascht beobachtete die Geschäftsführerin, wie kraftvoll und beinahe emotional sie ihre Argumente vorbrachte. Zu viele Kollegen und Weggenossen hatte sie kennengelernt, die Gleichgültigkeit ihrer Arbeit gegenüber ausstrahlten. Viktoria schätzte Menschen, in denen ein Feuer brannte, und hörte der HR-Leiterin aufmerksam zu. „Auch wenn ihre Forderungen an ihre zukünftigen Arbeitgeber auf den ersten Blick überzogen und vielleicht sogar arrogant erscheinen, zahlt es sich dennoch aus, wenn wir uns dem stellen. Und wenn es bedeutet, dass wir das Thema Kostenzuschuss diskutieren müssen", schloss die HR-Verantwortliche an das Gesagte an.

„Wichtig ist auch, dass wir aufgrund der demografischen Entwicklung nicht nur die jungen Mitarbeiter im Blick haben, wir müssen ebenso darauf achten, die älteren, erfahreneren Mitarbeiter zu halten und zu motivieren. Aufgrund des Fachkräftemangels drückt uns der Schuh an allen Enden. Daher sollten wir gleichzeitig darüber nachdenken, wie wir gerade diese Mitarbeitergeneration am oberen Ende der Mitarbeiterpyramide vielleicht sogar im Pensionsalter noch länger halten oder zumindest einbinden können. Leider stehen die gesetzlichen Rahmenbedingungen innovativen Ansätzen in dieser Richtung sehr entgegen. Denn in der Rente wird ein Zuverdienst durch Abzüge quasi bestraft. Wir sollten uns auch diesem Thema stellen. Denn der Know-how-Abfluss ist enorm und dieses absolut radikale Modell ‚Rente und raus' schadet unserem Unternehmen und vielen Mitarbeitern. Wir bekommen auch bereits Anfragen in diese Richtung, zum Beispiel im Forschungs-und-Entwicklungsbereich. Unsere Mitarbeiter denken da sehr fortschrittlich und sehen das Rentenalter längst nicht mehr digital, sondern wünschen sich ein Szenario, in dem sich Rente und Arbeit kombinieren lassen. Und dass nur Digital Natives hungrige Mitarbeiter sind, stimmt auch nicht wirklich. Es sind nur ganz andere Faktoren, die die ältere Generation motivieren, über Berufstätigkeit jenseits der 60, 65 oder 67 Jahre nachzudenken. Dafür gibt es inzwischen ja schon den Begriff ‚Permajobbing'."

„Okay, ich denke, ich habe verstanden, was Sie mir sagen wollen", antwortete Viktoria. „Wie genau sehen nun die Forderungen dieser jungen Mitarbeiter aus? Wahrscheinlich gilt vieles davon auch für das obere Ende der Alterspyramide?"

Digital Natives

Helene Rauscher sah sie an und legte ihre mitgebrachten Unterlagen weg. Das Gespräch verlief anders als erwartet. Besser als erwartet. Sie hatte sich gut vorbereitet, viele Studien gelesen und die Quintessenz einiger davon mitgenommen, sie war davon ausgegangen, dass sie all diese Statistiken, all diese Auswertungen brauchen würde, um bei der Geschäftsführerin Gehör zu finden. Sie holte tief Luft und begann mit ihren Ausführungen.

Sie setzte wieder an beim Thema „mobiles Arbeiten". Arbeit würde zu einem Begriff werden, der sich auf keinen bestimmten räumlichen Bereich beschränkte. Arbeiten würde man in Zukunft überall und immer dann, wenn es gut in den eigenen Lebensrhythmus passte. Das erforderte selbstverständlich, dass die Mitarbeiter mit entsprechenden Geräten ausgestattet würden und die notwendigen Technologien zur Verfügung stünden. Wobei das Gerätethema wieder ein spezielles war. Denn es ging immer mehr in die Richtung, dass man jene Geräte zum Arbeiten nutzte, die auch privat verwendet werden. Der Fachbegriff dazu lautete „Bring Your Own Device". Dazu käme, dass Mitarbeiter neben den eigenen Geräten auch immer mehr Applikationen und Tools einsetzten, die sie privat erfolgreich nutzten. Die Herausforderungen für die IT würden dadurch nicht gerade geringer. Vor allem Digital Natives wollten im Job dieselben hippen Medien zur Verfügung haben wie im Privatleben. Sie erwarteten sich Chats, Blogs, Skype, Collaborations für Online-Zusammenarbeit und interne soziale Netzwerke wie Xing oder Facebook, nur eben auf Unternehmensebene. Mithilfe dieser Tools wollten sie flexibel produktiv sein und arbeiten können, wo immer sie gerade waren. Individualität und Flexibilität seien offensichtlich enorm wichtig. Dieser Flexibilität sei es auch zu verdanken, dass viele Lebenskonzepte nicht mehr auf reine Vollzeitjobs ausgelegt waren. Gerade junge Arbeitnehmer stünden vermehrt dafür ein, auch alternativen Arbeitsformen ihren Raum zu geben. Dies ginge von einfacher Teilzeitarbeit bis hin zu Karenzmodellen, Bildungskarenzen und Sabbaticals, um nur ein paar zu nennen.

Aufgrund der demografischen Entwicklung würde künftig auch das Thema Pflege von Familienangehörigen eine wichtige Rolle bei der Forderung nach flexibleren Arbeitsmodellen spielen. Der Trend gehe insgesamt in Richtung

Vereinbarkeit von Privatleben und Beruf. Wenn man als Unternehmen auf diese Bedürfnisse nicht eingehe, laufe man Gefahr, als Arbeitgeber an Attraktivität zu verlieren und ins Hintertreffen zu geraten. Etwas überspitzt ausgedrückt würde man sich selbst vom Arbeitsmarkt abschneiden und sich – speziell was die junge Generation betrifft – von den Arbeitskräften der Zukunft abwenden. Eine Ausdünnung der Leistungsträgerstruktur und auch eine Überalterung der Mitarbeiterpyramide wären die Folge. Noch deutlicher wäre der Effekt, wenn man Mitarbeiter mit internationalem Profil gewinnen wollte. Dieses Segment sei heiß umkämpft. Die international orientierten Mitarbeiter seien außerdem sehr flexibel und könnten zwischen vielen Karrieremöglichkeiten wählen. Aber es wäre zu kurz gedacht, nun einfach mobiles Arbeiten über das gesamte Unternehmen auszurollen. Zu viele Aspekte unterschiedlicher Größenordnung hingen daran.

Unternehmen und Mitarbeiter

Der Fokus der HR-Leiterin war auf die Mitarbeiter gerichtet. Sie wechselte zu den Schattenseiten, die sich aus diesem neuen Gefüge für die Mitarbeiter ergeben könnten. Überall und immer arbeiten zu können, durfte nicht bedeuten, dass man es auch tun musste. „Ich meine", fuhr Helene Rauscher fort, „stellen Sie sich nur vor, was diese enge Verschränkung von Privat und Job negativ betrachtet bedeuten kann. Die ständige Erreichbarkeit, der ständige Zugriff auf Informationen, wir alle kennen diese Anrufe im Urlaub, die beginnen mit ‚Bitte entschuldige, dass ich dich im Urlaub störe, aber könntest du mir ganz kurz …'. Wir haben als Unternehmen und Führungskräfte auch die Pflicht, unsere Mitarbeiter vor burnoutähnlichen Zuständen zu schützen. Mitarbeiter wünschen sich flexiblere Arbeitsbedingungen. Doch als Unternehmen müssen wir Vorkehrungen treffen, um sie gewissermaßen vor sich selbst zu schützen. So können etwa All-inclusive-Verträge, wenn man keinen Riegel vorschiebt, eine direkte Fahrkarte in Burnout und andere Erschöpfungszustände sein." Die HR-Leiterin machte erneut eine Pause. „Was sind Ihre konkreten Vorschläge?", fragte Viktoria, die sich ein „Ich hab's ja gleich gesagt, dass diese unbeschränkte Verschmelzung von Beruf und Privatem nicht guttut" zumindest gedanklich nicht verkneifen konnte.

Arbeitsmodelle anpassen

„Ich war letzten Monat auf einer Konferenz, die sich mit dem Thema ‚Regeneration und Erholung' am Arbeitsplatz der Zukunft beschäftigte", erwiderte Helene. „Hier wurden Modelle diskutiert, die durchaus inspirierend waren. In einer Arbeitsgruppe zum Beispiel wurde besprochen, dass All-in-Verträge um eine Art Zeitausgleichskonto erweitert werden könnten. Die Funktionsweise wäre die, dass die All-in-Verträge nur eine bestimmte Anzahl an Überstunden abdecken, alle weiteren Überstunden gingen auf eine Art Zeitausgleichskonto. Von diesem könnten die Mitarbeiter dann Erholungszeiten in Form von Zeitausgleich konsumieren. Das wäre eine faires und nachhaltiges ‚All-in'. Ich könnte mir auch vorstellen, dieses Zeitausgleichskonto mit anderen Ausgleichsformen zu verknüpfen. Dass man seine Zeitausgleichsstunden auch in Sabbaticals oder Bildungszeiten umwandeln könnte oder in verlängerte Karenzzeiten. Hier gibt es sogenannte Lebensarbeitszeitmodelle und viele weitere Möglichkeiten. Wir müssen definitiv noch zu Ende recherchieren, welche Maßnahmen für uns am besten geeignet sind. Wichtig ist jedenfalls, dass wir unsere Arbeitsverträge so adaptieren, dass wir der durchaus drohenden Reizüberflutung durch ständige Verfügbarkeit auf zig Kommunikationskanälen entgegenwirken. Denn auf die Einschätzung der Vorgesetzten, ob ein Mitarbeiter schon zu lange und zu sehr überlastet ist, kann man sich in Zukunft nicht mehr allein verlassen. Bei hochmobilen Arbeitsweisen haben Vorgesetzte kaum noch die Chance, die Überforderung ihrer Mitarbeiter zu erkennen, die räumliche Trennung durch das Arbeiten auf Distanz erschwert dies massiv."

Kein Unternehmen startet bei null in die neuen Arbeitswelten

Helene Rauscher fuhr fort: „Und falls Sie sich jetzt fragen, ob sich all diese Änderungen, all diese Investitionen jemals rechnen würden, kann ich antworten: Ja, das werden sie. Oder umgekehrt: Stellen Sie sich vor, wir beschreiten diesen Weg nicht. Langsam, aber sicher werden wir als Arbeitgeber unattraktiv, motivierte, junge Mitarbeiter mit großem Tatendrang und speziell Leistungsträger werden uns nicht mehr als attraktive Arbeitgeber wahrnehmen und sich auch nicht bewerben. Stellen Sie sich die Lücke vor, die das für uns bedeuten würde." Viktoria lächelte. Sie hatte tatsächlich so ähnlich gedacht. „Und natürlich bedeutet das nicht, dass wir hier wirklich auf jede Anforderung eingehen müssen", lenkte die HR-Expertin ein. „Ich denke, es ist gut und wichtig, dass wir einen Weg wählen, der zu uns als Firma passt. Der authentisch ist. Und ich sehe bereits viele gute Ansätze im Unternehmen, auf die wir aufsetzen können. Ein Professor, mit dem ich einmal zusammengearbeitet habe, nannte das den ,New World of Work Reifegrad' eines Unternehmens". „Und was genau hat er damit bitte gemeint?", hakte Viktoria nach. „Damit wollte er sagen, dass kein Unternehmen bei null beginnt, dass es in jedem Unternehmen bereits Ansätze und vereinzelte Vorstöße gibt, auf denen man aufbauen kann, die es auszubauen gilt – wie zum Beispiel bei uns mobiles Arbeiten bereits teilweise gelebt wird", erklärte Helene Rauscher. „Es wird bereits gelebt, aber es gibt auch Aspekte, die verbessert werden müssen. Es muss im gesamten Unternehmen genutzt werden können und eine Betriebsvereinbarung dazu geben. Es darf auch nicht als Art Privileg für besondere Mitarbeiter vergeben werden. In dem Augenblick, wo so etwas passiert, haben wir ein paar sehr wenige Gewinner, nämlich die, die mobil arbeiten können, und unglaublich viel mehr Verlierer, denen dieses vermeintliche Privileg nicht zuteil wurde. Was das für die Motivation und Stimmung in den Teams bedeutet, kann man sich gut vorstellen." „Na gut, dann bitte ich Sie um Ihre Analyse, wie weit unser Reifegrad hier fortgeschritten ist, und um Ihre Vorschläge, was zu ändern ist. Ich berufe in zwei Wochen einen neuerlichen Termin ein und dann entscheiden wir, was die Personalabteilung umsetzen wird", so die Geschäftsführerin, der ein Blick auf ihre

Uhr verriet, dass die anberaumte Zeit für den Termin bereits überschritten war.

„Frau Rauscher, mein nächster Termin startet in Kürze. Bitte schildern Sie mir noch kurz Ihre Erkenntnisse aus den Exit Talks, wie Sie das nannten, und zwar, dass die Mitarbeiter keinen Zusammenhang zwischen Leistung und Gehalt und Bonus gesehen haben." Trotz der Eile und der Dichte der HR-Informationen behielt die Geschäftsführerin den roten Faden.

New-World-of-Work-Transformation für alle

„Sehr gerne", antwortete Helene. „Die Reifegradanalyse ist definitiv etwas, das wir in HR starten werden, allerdings nicht alleine durchführen können. Dazu benötigen wir Ihre uneingeschränkte Unterstützung sowie die aller anderen Bereiche im Unternehmen. Hier geht es um die Schlagwörter People, Place und Technology. Das Thema ist riesig und kann massive Auswirkungen auf unser Unternehmen haben – wenn hier nicht alle am selben Strang ziehen, werden wir scheitern."

„Da ich sehe, dass Ihre Zeit sehr drängt, noch ein paar kurze Worte zum Thema Performance Management und fehlender Zusammenhang zwischen Leistung und Gehalt. Es gibt wohl Performance Management bei uns im Haus, allerdings scheint es so betrieben zu werden, dass Mitarbeiter offenbar der Meinung sind, dass sie mit ihrer Leistung nicht wirklich Einfluss auf ihr Gehalt nehmen können." Die Geschäftsführerin war bereits an der Tür und Helene Rauscher beeilte sich, ihre Sachen einzupacken. „Okay, dann neuer Termin heute Abend 19.00 Uhr", rief Viktoria der HR-Expertin über ihre Schulter hinweg zu, bevor sie das Haus verließ, um Journalisten für ein Interview zu treffen. Der vorher angekündigte „Termin in zwei Wochen" war deutlich vorverlegt worden.

Als Viktoria kurz vor 19.00 Uhr wieder zurück in ihr Büro kam, fühlte sie sich ausgelaugt. Sie hatte den Eindruck, als hätten ihre Interviewpartner einen sehr schlechten Tag gehabt und diese Laune ins Interview mitgebracht. Oder das Interview war vorher einfach nicht abgestimmt worden, entgegen den Informationen, die man ihr gegeben hatte. Auch der Folgetermin, bei dem es um eine mögliche Partnerschaft ging, war nicht wirklich positiv verlaufen. „Und jetzt noch der zweite Teil des HR-Termins", schnaufte sie.

Systematisches Performance Management als kritischer Erfolgsfaktor

Kurz darauf stand schon Helene Rauscher in der Türe zu ihrem Büro. „Kommen Sie doch bitte", bat die Geschäftsführerin sie herein. „Ich nehme an, für Kaffee ist es zu spät?" „Nach dem heutigen Tag ist es für Kaffee nie zu spät", Helene lächelte verbissen. Offenbar war auch ihr Nachmittag nicht wunschgemäß verlaufen. Kurze Zeit später standen zwei leere Kaffeetassen vor ihnen auf dem Tisch, und die beiden Frauen besprachen bereits das Thema Performance Management.

„Woran kann das liegen?", fragte die Geschäftsführerin, „dass die Mitarbeiter der Meinung sind, dass ihre Leistung und ihre Entlohnung in keinem Zusammenhang stehen?" „Ich denke, das Problem ist nicht, dass sie keinen Zusammenhang sehen, sondern dass sie denken, den Zusammenhang nicht beeinflussen zu können – also ein Mehr an Einsatz führt zum Beispiel nicht unbedingt zu einer höheren Bonuszahlung", konkretisierte die HR-Expertin. „Ich habe bereits ein paar Kollegen auf dieses Thema angesetzt, aus meiner Sicht besteht hier akuter Handlungsbedarf. Nicht auszudenken, was das für die Motivation im Haus bedeutet, wenn alle glauben, dass es egal ist, ob sie mehr arbeiten oder nicht. Eine erste Analyse hat ergeben, dass die zwischen Vorgesetzten und Mitarbeitern vereinbarten Ziele oftmals eine qualitative Ebene kaum übersteigen, anders ausgedrückt: Sie sind häufig nicht messbar. Das führt dazu, dass die Mitarbeiter vermehrt das Gefühl haben, die Jahresbeurteilung geschehe willkürlich. Oder, wie es ein Mitarbeiter überdeutlich formuliert hat: ‚je nachdem, wie man dem Vorgesetzten gerade zu Gesicht steht'. Die Lösung hierfür liegt eigentlich auf der Hand. Die Ziele müssen nachvollziehbar und messbar gemacht werden. Mein Team ist deshalb bereits dabei, ein eigenes Performance-Management-Formular zu entwerfen, wobei das Wort ‚Formular' jetzt unnötig bürokratisch klingt. Gemeint ist vielmehr, dass wir ein standardisiertes Tool entwerfen, in das Vorgesetzte und Mitarbeiter die vereinbarten Jahresziele eintragen. In diesem Tool wird es die Vorgabe geben, dass zumindest 80 Prozent der Ziele quantitativ messbar sein müssen." „Wieso geben wir nicht vor, dass 100 Prozent der Ziele messbar sein sollen?", intervenierte die Geschäftsführerin. „Darüber haben wir lange diskutiert", gab Helene Rauscher zu. „Letztendlich kamen wir zu dem Schluss, dass es auch Raum geben muss für ‚Entwicklungsziele', wie wir das genannt haben. Ziele, die mehr auf der persönlichen Verhaltensebene des Mitarbeiters zu finden und daher durch Zahlen und Daten kaum messbar zu machen sind." Helene hatte in ihren Analysen feststellen müssen, dass Jahresgespräche und Zielvereinbarungen mit Mitarbeitern von einigen Vorgesetzten eher als lästiges Übel gesehen wurden – nach dem Motto „Lass uns das schnell für HR erledigen".

Balanced Scorecard als Umsetzungshebel für die Unternehmensstrategie

Dann ging Helene noch einen Schritt weiter. Sie schlug vor, auch gleich die Mitarbeiterziele mit den strategischen Unternehmenszielen zu verknüpfen. Dabei empfahl sie, die Unternehmensstrategie in messbare Zielwerte zu übersetzen und diese danach bis auf die Mitarbeiterebene herunterzubrechen. Diese Zielgrößen konnten einerseits finanzieller Natur, wie zum Beispiel Umsatzsteigerung, Kostensenkungen oder Neukundengewinnung, oder aber auch nichtfinanzieller Natur, wie etwa Kundenzufriedenheit, sein. Als geeignetes Tool schlug sie die Balanced Scorecard vor.

So gelänge nicht nur die Integration von Unternehmensstrategie und Mitarbeiterführung, das Ganze hätte auch noch den positiven Effekt, dass die Mitarbeiter die Strategie verinnerlichten. Schließlich stand man immer wieder vor der Frage, warum die sorgfältig geplante Unternehmensstrategie auf Mitarbeiterebene kaum mehr wahrnehmbar war, ja, oft nicht einmal bekannt war. „Ein guter Schritt, die Mitarbeiterziele mit den Unternehmenszielen zu verknüpfen", vermerkte Viktoria, die insgeheim zwischen Verwunderung und

Ärger schwankte darüber, dass die Unternehmensstrategie bei den Mitarbeitern einfach nicht anzukommen schien. „Wozu stelle ich die Strategie immer wieder direkt bei den Mitarbeitern vor? Wozu stelle ich mich für Fragen zur Verfügung, rege kritische Betrachtungen an? Wozu weise ich alle Führungskräfte an, eigene Strategietermine in den Teams abzuhalten, wenn offenbar nichts davon hängen bleibt?", ärgerte sie sich. Trotz ihrer gemischten Gefühle erkannte Viktoria das Potenzial, das in den Vorschlägen der HR-Leiterin lag. Aber sie wusste auch, dass es damit noch lange nicht getan war.

„Sie erwähnten vorhin einen Reifegrad, wenn ich das richtig im Kopf habe, und die Vernetzung von People, Place und Technology. Was genau meinten Sie damit?", forderte sie Helene Rauscher auf, dieses Thema wieder aufzugreifen.

Schrittweise Veränderungen

Die HR-Leiterin räusperte sich und begann ihre Ausführungen. Wenn das Unternehmen sich dafür entscheiden sollte, den Weg in Richtung neue Welt der Arbeit einzuschlagen, gäbe es bereits viele Ansatzpunkte. Die Firma würde also nicht bei null beginnen. Es gäbe bereits ein Zielesystem, dieses hätte zwar noch Schwachstellen, aber es wäre ein Anfang. Auch mobiles Arbeiten wurde bereits eingesetzt, auch hier konnte man auf gelebte Prozesse aufsetzen. Und schließlich gäbe auch die derzeitige Büroarchitektur einiges her für das neue Arbeiten: „Die Kaffeeküchen zum Beispiel sind zentral gelegen und offen, es gibt dort sogar eine Couch. Mit ein wenig zusätzlichem Pepp und der einen oder anderen Sitzecke lässt sich daraus mit geringem Budget ein einladender Ort für den Austausch zwischen Mitarbeitern und vielleicht sogar Kunden gestalten. Und, und, und …"

Helene fand überraschend viele Aspekte, die bereits auf die neue Welt des Arbeitens einzahlten. Wichtig war jedoch, wie sie betonte, dass die einzelnen Tools und Veränderungen einerseits authentisch sein, also zum Unternehmen passen und andererseits miteinander vernetzt sein mussten. „Denn nur so können wir sicherstellen, dass unsere Bemühungen auch gelebt werden", sagte sie und machte eine Pause. „Wieso sollte es anders sein?", hinterfragte die Geschäftsführerin. Helene antwortete mit einem Beispiel. „Erinnern Sie sich noch an die neue Software zur Abwicklung von Urlaubsanträgen, die wir letztes Frühjahr im Unternehmen eingeführt haben?", fragte sie. Viktoria erinnerte sich dunkel. „Und genau das meine ich", sagte die HR-Verantwortliche. „Sie erinnern sich zumindest grob daran, das unterscheidet Sie deutlich von vielen vielen anderen im Unternehmen." „Woran liegt das? Hat die Software nicht unseren Anforderungen entsprochen?", wollte die Geschäftsführerin der Sache auf den Grund gehen. „Die Software war ganz und gar in Ordnung", bestätigte die HR-Expertin. „Es wurde allerdings bei der Einführung kaum auf die Unternehmenskultur geachtet. Einerseits war unsere Arbeitsweise bei Urlaubsanträgen eine ganz andere und andererseits wurden die Mitarbeiter kaum über das Vorhandensein oder die Funktionsweise der Software informiert. Es hieß nur, dass ab sofort alle Anträge darüber zu laufen hätten. Aber da niemand vorher Bescheid wusste und auch niemand die Zeit hatte, sich in die Bedienungsanleitung einzulesen, wurde die Software komplett abgelehnt. Sie war innerhalb kürzester Zeit in Vergessenheit geraten und man kehrte wieder zum alten System zurück."

Viktoria sah sie verständnislos an. „Und was hat das nun zu tun mit People, Place und … was war nochmal das Dritte?" „Technology", antwortete Helene. „Wir haben bei der Einführung der Software nicht auf die Unternehmenskultur geachtet, nicht berücksichtigt, wie im Haus kommuniziert und gearbeitet wird. Im Endeffekt hat die Software für die Mitarbeiter ein neues Tool bedeutet, dessen Funktionsweise ihnen nicht erklärt wurde – manche wussten nicht einmal, wie sie es aufrufen konnten – und das ihnen die Arbeit sogar erschwerte. Und genau das darf uns hier nicht passieren. Genau deshalb ist es so wichtig, dass die drei Pfeiler der neuen Welt des Arbeitens, Menschen, Umgebung und Technologie, aufeinander abgestimmt und vernetzt sind. Deshalb kann HR auch nur der Startpunkt und gerne auch der Treiber so einer Veränderung sein. Aber um den Erfolg zu garantieren, benötigen wir die uneingeschränkte Mitwirkung aller anderen Bereiche und aller Führungskräfte."

Die Rolle des Büros

Die HR-Leiterin weihte die Geschäftsführerin rasch in die Zukunftstrends der Arbeit ein. Erfolgskritisch waren sehr wohl technische Tools und Werkzeuge. Aber auch die Umgebung musste stimmen, und man brauchte andere Prozesse, teilweise eine andere Kultur und definitiv auch andere Führungsinstrumente. Das Büro, so betonte Helene mit Nachdruck, sei keine reine „Behausung für Schreibtische" mehr, sondern eine Art soziale Plattform, wo man sich trifft, wenn es die Arbeit gerade erfordert. Oder wenn man ein Meeting mit einem wichtigen Kunden oder Partner geplant hat, oder wenn man zu Hause nicht in Ruhe arbeiten kann, vielleicht weil die Kinder krank und nicht in der Schule sind oder man sich phasenweise einfach im Büro besser konzentrieren kann. Aber prinzipiell müsse man, um seine Arbeit zu erledigen, dazu nicht mehr zwingend in die Firma kommen. Einzelbüros hätten in dieser Betrachtung des Büros als Art sozialer Marktplatz kaum mehr eine Daseinsberechtigung. Vielmehr würde das Büro zu einem multifunktionalen Erlebnisraum.

Hier wurde es Viktoria zu bunt, sie runzelte die Stirn und setzte zu einer Entgegnung an, doch die HR-Leiterin relativierte ihre Aussage rasch. Mit multifunktionalem Erlebnisraum, erklärte sie, sei gemeint, dass Büroumgebungen nicht mehr uniform aufgesetzt seien, sondern es hier unterschiedlich gestaltete Bereiche gebe – statt uniformer Einheitsarchitektur. Spezielle Meetingräume für beispielsweise Termine mit Kunden und Partnern, gewisse „Kommunikationsräume", die mit Videoconferencing ausgestattet waren, aber auch Social Areas oder „Sozialräume" wie eine erweiterte Kaffeeküche, in der es auch Sitzecken oder Sitzsäcke gebe, in denen sich die Mitarbeiter informell und gemütlich zusammensetzen und sich spontan oder auch geplant austauschen könnten.

Es brauche aber natürlich auch Räume für stilles Arbeiten, in denen man durch kein Gelächter, Telefongeläute oder Telefonate anderer Kollegen gestört würde. Selbstverständlich gäbe es da auch Meetingräume mit sehr formellem Charakter und ganz im Gegensatz dazu auch Kreativräume, in denen ruhig auch einmal die Wände beschriftet und dann auch wieder abgewaschen werden dürften. Und in den Räumen und an den Einzelarbeitsplätzen fänden sich Stehtische, Hocker, normale Bürosessel, Sitzbälle und vieles mehr. Das Büro der Zukunft biete einfach viele Möglichkeiten und passe sich so den Anforderungen der Mitarbeiter und den Anforderungen, die aus den aktuellen Arbeitsaufgaben erwachsen, an.

Führung 2.0

Die HR-Leiterin war bei der Frage angelangt, was diese veränderte Arbeitsweise für die Kommunikation im Unternehmen und auch für die Führungskultur bedeutete. Da sie Performance Management und Zielvereinbarungen bereits besprochen hatte, erwähnte sie diese nur kurz, um dann umso mehr zu betonen, dass sich die Anforderungen an die Führungskräfte natürlich ebenso veränderten. Führung, die bei vielen Managerinnen und Managern sehr stark auf Kontrolle basiert, würde in diesem System sehr schwer bestehen können – allein schon aufgrund der räumlichen Distanz, wenn die Mitarbeiter ihre Arbeit nicht mehr zwangsläufig im Büro erledigen mussten. Führung würde nunmehr nur mit wirklich klaren und messbaren Zielen funktionieren. Vertrauen rücke dabei verstärkt in den Vordergrund, genauso wie flexiblere Kommunikationsformen. Denn gerade wenn Mitarbeiter arbeiten könnten, wann und wo sie wollten, wären zusätzliche Fähigkeiten gefragt, wenn es um Kommunikation und Interaktion ging. Man könne nicht rasch mal ins Büro des Vorgesetzten oder zu einem Kollegen gehen, wenn dieser außerhalb des Büros arbeitete. Andererseits galt es auf Mitarbeiter einzugehen, die zeitweise mehr Führung benötigten, vielleicht weil sie gerade neu ins Unternehmen gekommen waren und die Arbeit und Prozesse erst kennenlernen mussten. Und man musste natürlich auch so fair sein zu sehen, dass nicht jedem diese Arbeitsweise zusagte. Es gab einfach Mitarbeiter, die das Büro beziehungsweise die dafür vorgesehenen Räume dem eigenen Küchentisch durchaus vorzogen. Sei es, weil ihnen die Trennung zwischen Privat- und Berufsleben wichtig war oder weil ihre Kinder um 14.00 Uhr von der Schule nach Hause kamen und dann an Arbeit nicht mehr zu denken war. Helene machte klar, dass niemand zu mobilem Arbeiten gezwungen werden durfte, genauso wenig wie Mitarbeiter gezwungen werden durften, ihre Arbeit ausschließlich im Büro zu erledigen. Es musste für alle Anforderungen Raum geben.

Neue Arbeitsweisen und Prozesse

Auch die aktuellen Prozesse und mit ihnen die Unternehmenskultur, die Art und Weise, wie zusammengearbeitet wird, seien Veränderungen unterzogen. Alles müsste einfach zusammenpassen. In der neuen Arbeitswelt wären Prozesse, bei denen für die Buchung eines Meetingraumes ein Assistent benötigt würde, ebenso wenig authentisch wie eine manuell auf Papier abgewickelte Reisekostenabrechnung. Auch die persönliche Anwesenheit bei jedem Meeting widerspreche der Arbeitsweise der Zukunft. Natürlich gebe es Meetings, wo Anwesenheit notwendig sei, ob das aber auf alle Teilnehmer zutrifft, sei schon wieder eine andere Sache. Videoconferencing vermittelte etwa stark das Gefühl persönlicher Anwesenheit und mithilfe von Collaboration Software und Smartboard könnte man sogar gleichzeitig an denselben Dokumenten arbeiten.

„Wenn Sie so wollen, wäre das soeben Skizzierte der höchste Reifegrad, den ein Unternehmen haben kann. Oder anders formuliert: das Ziel, auf das wir hinarbeiten könnten. Ich empfehle, eine Analyse zu starten, welchen Reifegrad unsere Firma hat, um dann gemeinsam zu überlegen, wo wir insgesamt hin wollen. Und, wie gesagt, alles unter der Prämisse der Authentizität unserer Firma. Es muss uns bewusst sein, dass dieser Prozess über einen längeren Zeitraum, wahrscheinlich über Monate, laufen und vielleicht auch nie ganz abgeschlossen sein wird, weil wir uns einfach immer weiter entwickeln und dazulernen und weitere Verbesserungen und Optimierungen vornehmen. Aber ganz essenziell dabei ist, ich habe es anfangs schon erwähnt, dass alle Bereiche zusammenarbeiten. Nur so können wir sicherstellen, dass wir unser Ziel, nämlich die Arbeitsweise im Unternehmen zu verbessern, auch erreichen. Wenn das Thema ein reines HR-Thema bleibt, ist die Wahrscheinlichkeit des Scheiterns ungemein groß", sagte die HR-Leiterin.

Faktenbasierte Erfolgsmessung auf dem Weg zum neuen Arbeiten

Viktoria schwirrte der Kopf. Irgendwie klang das alles nach Selbstverwirklichung und nicht nach Arbeit. Sie hatte ihre Schwierigkeiten damit, sich diese Veränderungen für ihr Unternehmen vorzustellen. Würde sich das alles rechnen? Die Wirtschaftlerin in ihr meldete sich wieder zu Wort. „Also gesetzt den Fall, wir gehen den von Ihnen skizzierten Weg, wie wollen Sie feststellen, ob sich diese Transformation gelohnt hat? Wie können Sie feststellen, ob die Veränderung erfolgreich war?", forderte sie Helene Rauscher heraus. Doch auch darauf war die HR-Verantwortliche vorbereitet. „Damit die Transformation in Richtung Arbeitsplatz der Zukunft keine Zitterpartie wird, braucht es selbstverständlich ein Steuerungskonzept auf Basis klarer Zahlen, Daten und Fakten. Einerseits werden die finanziellen Auswirkungen gemessen, also die Veränderungen auf der Kosten- und auf der Performanceseite, andererseits aber auch die HR-Kennzahlen wie Fluktuation, Krankenstände und Mitarbeiterzufriedenheit."

„Welche Kosten könnten dadurch sinken und wie würde das unsere Performance steigern?", hakte die Geschäftsführerin nach. Helene erklärte, dass sich Kosten beispielsweise senken ließen, wenn das Büro so oder ähnlich gestaltet würde, wie sie es zuvor geschildert hatte. Unter der Annahme, dass nicht immer alle Mitarbeiter anwesend seien, könnten Facility-Kosten gesenkt werden. Auch ein geplanter Büroausbau könne eventuell vermieden werden. Die Einsparungen würden sich in geringeren Mietkosten, Reinigungs- sowie Energiekosten niederschlagen.

Die Performancesteigerung hingegen könne mithilfe von Personalkennzahlen, Finanzkennzahlen und kundenbezogenen Messgrößen mit relativ geringem Aufwand gemessen werden. Helene Rauscher fuhr fort: „Ich begrüße diese Erfolgsmessung sehr, denn so können wir auch sicherstellen, dass das Thema nicht als ‚Soft-Skill-HR-Thema' in Vergessenheit gerät. Auf diese Weise gibt es einen klaren Benefits Case."

Ziele festlegen

„Ziel ist es also in einem ersten Schritt, zu überlegen, was wir konkret verbessern wollen. Da fällt mir als wichtiger Punkt die Eindämmung der Fluktuation ein. Und gleich als nächster Punkt die Steigerung der Attraktivität unseres Unternehmens als Arbeitgeber. Aber was auch immer wir konkret verbessern wollen, wichtig ist, dass es über Jahre hinweg kontinuierlich gemessen wird. Und zwar über alle Bereiche hinweg. So haben wir auch die Möglichkeit, steuernd und korrigierend einzugreifen, wenn eine Messgröße auf Dauer nicht erfüllt wird", so die HR-Expertin.

„Ich habe verstanden, dass es offenbar an der Zeit oder fast überfällig ist, an der Art und Weise, wie in unserer Firma gearbeitet wird, Veränderungen vorzunehmen. Die Erfahrung hat mich jedoch gelehrt, dass solche und andere Vorstöße trotz aller Bemühungen in letzter Konsequenz im Tagesgeschäft leicht untergehen", merkte Viktoria kritisch an. „Wie wollen Sie dafür Sorgen tragen, dass es diesmal anders läuft?", spielte sie der HR-Leiterin wieder den Ball zu. „Ich denke, eine gute Möglichkeit wäre, wenn wir zusätzlich zur klaren Definition von Zielgrößen und deren kontinuierlicher Messung all diese Punkte zu einer New-World-of-Work-Strategie bündeln und in der Unternehmensstrategie verankern. Wenn wir dann dazu übergehen, diese Strategie über eine Balanced Scorecard direkt in die Mitarbeiterziele zu kaskadieren, können wir auch von dieser Seite sicherstellen, dass die Veränderungen nicht im Sand verlaufen, sondern im Unternehmen gelebt werden. Und wir sorgen so auch dafür, dass unsere Vorstöße transparent für die Mitarbeiter gemacht werden. Ich denke, dass wir auf diese Weise auch der Fluktuation entgegenwirken können beziehungsweise unser Employer Branding steigern." Die Geschäftsführerin betrachtete die HR-Leiterin mit steigendem Respekt und dachte: „Das Thema liegt ihr wirklich am Herzen. Sie hat all das komplett durchdacht, bevor sie zu mir gekommen ist." „Gut vorbereitet, Frau Rauscher, vielen Dank", sagte sie anerkennend. Sie blickte auf ihre Uhr, es war 20.35 Uhr.

Betriebsvereinbarung als erster konkreter Schritt

„Ich bitte Sie umgehend um einen Vorschlag für eine Betriebsvereinbarung, die mobiles Arbeiten umfasst und das Thema des Kostenzuschusses klärt. Auf diesem aufbauend brauchen wir einen raschen Vorschlag hinsichtlich der Erweiterung der Arbeitsverträge, Stichwort: „All-in" in Kombination mit Zeitausgleich. Beides hat höchste Priorität, da wir es auch mit dem Betriebsrat diskutieren müssen. Zusätzlich hätte ich gerne eine Analyse unseres Reifegrades, wie Sie das vorhin genannt haben. Am Performance-Management-Formular wird ja bereits gearbeitet. Ich erwarte Ihre Ergebnisse in drei Wochen." Die HR-Leiterin sah Viktoria an. Ihre Miene verriet weder Zustimmung noch Ablehnung. Der Geschäftsführerin passierte es nicht oft, dass jemand ihre Anweisungen zurückwies, umso mehr überraschte sie die Antwort von Helene Rauscher. „Das werden wir unmöglich in drei Wochen bewerkstelligen können", sagte diese. Und fügte rasch hinzu: „Nicht in der Qualität, die Sie von uns erwarten können." Bevor die Geschäftsführerin etwas erwidern konnte, machte Helene einen Gegenvorschlag, auf den sie sich schließlich einigten. Dieser sah mehr Zeit, mehrere Zwischenschritte und eine starke Vernetzung dieses Maßnahmenpaketes mit den anderen Bereichen vor.

Das Meeting war zu Ende. Beide Frauen packten ihre Sachen zusammen, um nach Hause zu fahren. Bevor sie das Büro verließ, warf Viktoria noch einen letzten Blick auf ihre Notizen, die sie sich während des Gesprächs gemacht hatte.

• •

TERMIN MIT HR

➜ Mitarbeiter wollen mobil arbeiten – Regeln (Stichwort: Kostenzuschuss) noch offen ➜ Betriebsvereinbarung: Auftrag an HR-Leiterin

➜ War for Talents/Digital Natives – stellen Forderungen an Arbeitgeber:
   - BYOD
   - Social-Media-Nutzung
   - Alternative Arbeitsformen (Sabbaticals, Bildungskarenz, Pflegefreistellung, ...)

➡ Enge Verschränkung von Beruf und Privat birgt Burnout-Gefahr ➡ Lösungs-vorschläge: Auftrag an HR-Leiterin

➡ New-World-of-Work-Reifegrad: betrifft gesamtes Unternehmen. Analyse, wo stehen wir aktuell, was ist zu tun? ➡ Auftrag an HR-Leiterin

➡ Performance Management neu überarbeiten; eventuell Verknüpfung mit stra-tegischen Unternehmenszielen über Balanced Scorecard ➡ bei HR bereits im Laufen

➡ Überlegung: Büroräume verändern für NWOW? Stichwort: Social Areas, ver-schiedenartige Besprechungsräume, Kommunikationszonen, ...

➡ Wichtig: Mobiles Arbeiten ist nicht für jeden Mitarbeiter geeignet!

• •

Als die Geschäftsführerin das Licht ausmachte, freute sie sich, dass es, ent-gegen der ersten Vorzeichen am Nachmittag, doch noch ein guter Abend ge-worden war.

FACTBOX

Aus verschiedensten Studien geht hervor, dass für 50 bis 80 Prozent der ArbeitnehmerInnen Unternehmen, die keine flexiblen Lösungen wie Home Office oder mobiles Arbeiten anbieten, unattraktive Arbeitgeber darstellen.
Quellen: Deloitte-Studie „Neue Arbeitswelten gestalten", 2012, HMP-Studie „Unified Communications und New World of Work", 2013

Laut Einschätzung der österreichischen Bundesministerin für Finanzen lag im Jahr 2010 die Zahl der Arbeitnehmerinnen und Arbeitnehmer, die mobil arbeiten, in Österreich bei nur 12 Prozent.
Quelle: Dr. Maria Fekter, österreichische Finanzministerin ➡ Rede anlässlich des Home and Mobile Office Days am 13. Juni 2013

Burnout ist schädlich für das Individuum und das Unternehmen, so der BKK-Gesundheitsreport „Zukunft der Arbeit" 2011. Danach geht aus einer Studie unter 15.164 Befragten hervor, dass sich die Unternehmensleistung Burnout-bedingt um zwölf Prozent reduziert und die Kundenorientierung um acht Pro-zent.
Quelle: IFPM- Studie 2011

Durch die Einführung neuer Arbeitsformen kann eine Verbesserung der Mitarbeiterzufriedenheit um bis zu 30 Prozent erzielt werden.

In Betrieben, die auf neue Arbeitsweisen setzen, fallen pro MitarbeiterIn zwischen vier und sechs Krankenstandstage pro Jahr an, üblich sind zehn bis zwölf Tage pro Jahr.

Durch die Einführung neuer Arbeitsformen kann die Fluktuationsrate von üblichen Werten zwischen zehn und 15 Prozent auf fünf Prozent und weniger reduziert werden.

Neues Arbeiten wirkt sich auch positiv auf die Infrastrukturkosten aus. Die Einsparungen belaufen sich auf 15 bis 20 Prozent für Miete, Energie und Reinigung.

Quelle: New World of Work Forschung, IMC FH Krems

● ●

INTERVIEW

Dr. Johannes Kopf
Arbeitsmarktservice Bundesgeschäftsstelle
Mitglied des Vorstands

Werden Unternehmen, die nicht auf neue Arbeitsformen setzen, Probleme bekommen?

Moderne Kommunikationstechnologien führen dazu, dass Arbeitnehmerinnen und Arbeitnehmer auch von zu Hause aus arbeiten können. Doch dient diese Möglichkeit bislang in den meisten Unternehmen eher dazu, dass Mitarbeiter/innen zum Beispiel auf dem Weg zur Arbeit, abends und teilweise auch am Wochenende noch dringende Nach- oder Vorarbeiten erledigen.

Unternehmen, in denen Wissen, Innovation und Kreativität im Vordergrund stehen, kommen aber schon jetzt und künftig verstärkt an zeitlich und örtlich flexiblen Arbeitsformen kaum vorbei, weil hier Bewerberinnen und Bewerber aber auch Mitarbeiter/innen Handlungsspielräume und ein höheres Maß an Selbstbestimmung erwarten. Unternehmen, die derartige Arbeitsformen anbieten, haben damit einen Wettbewerbsvorteil – nicht zuletzt auf dem Arbeitsmarkt für Hochqualifizierte.

Aber: Die technologische Entwicklung lässt die Grenzen zwischen Arbeit und anderen Lebensbereichen mehr und mehr verschwimmen. Hier entsteht auch eine neue Gefahr, mit der wir erst umgehen lernen müssen. Die Schlüsselkompetenz, selbstbestimmt und selbstorganisiert arbeiten zu können, sowie die Fähigkeit zur Selbstsorge sind dabei besonders wichtig.

Welche Anforderungen stellen Digital Natives an Unternehmen?
Sogenannte „Digital Natives" haben andere Gewohnheiten, Maßstäbe, Erwartungen und soziale Normen, die mit einer Lebensweise zusammenhängen, die ganz selbstverständlich von Informations- und Kommunikationstechnologie durchdrungen ist. Diese Unterschiede drücken sich auch in einer anderen Arbeitsweise und -haltung aus. Das verlangt von den involvierten „Non-Natives" gelegentlich Geduld und Kompromissbereitschaft.

Digital Natives stellen auch höhere Anforderungen an die IT-Umgebung als digitale „Immigranten". Mit dem Anteil an Digital Natives im Unternehmen wachsen unter anderem die Ansprüche an die verfügbare Hard- und Software. Oft drückt sich das zum Beispiel in dem vermehrt geäußerten Wunsch aus, das private Smartphone bzw. Tablet auch als Arbeitsgerät verwenden zu können. Damit soll man sowohl im Büro als auch zu Hause und anderswo auf firmeneigene und externe Netzwerk- und Onlineressourcen zugreifen können. Damit steigen allerdings auch die Anforderungen an die IT-Sicherheit. Durch das Zusammenkommen von langjährigen Angestellten und Berufsanfängern entsteht eine fruchtbare Mischung aus der Kenntnis bestehender Abläufe sowie neuer Technologien, was – wenn die Zusammenarbeit gut funktioniert – wiederum einen Wettbewerbsvorteil bedeuten kann.

• •

INTERVIEW
Mag. Brigitte Ederer
Siemens AG
ehemaliges Mitglied des Vorstands

Was sind die Vorteile bzw. Nachteile der „New World of Work" für die Arbeitneh-merInnen?
Unsere Arbeitswelt ist zweifellos im Wandel. Dabei geht der sich vollziehende Wertewandel Hand in Hand mit einer dynamischen Entwicklung von mobilen Kommunikationstechnologien. Soziale Medien spielen dabei auch innerhalb des Unternehmens eine immer größere Rolle, denn sie prägen den Wandel von einer matrix- hin zu einer netzwerkorientierten Organisation, in der Wissen unkonventionell und schnell geteilt und abgerufen werden kann. Die Erwartungen an einen modernen Arbeitgeber ändern sich nicht nur, sie werden auch selbstbewusst geäußert. Gerade bei der Generation Y sind berufliches und privates Leben dabei zunehmend miteinander verwoben.

Die Vorteile liegen auf der Hand: Mehr Flexibilität schafft Freiräume für Arbeitnehmerinnen und Arbeitnehmer. Und Autonomie ist ein wesentlicher Faktor für engagierte Mitarbeiter, die sich dem Unternehmen stark verbunden fühlen und das Beste geben. Diese Flexibilität erfordert allerdings Eigenverantwortung seitens der Mitarbeiter. Hier sind Bewusstmachung und Training ebenso gefragt wie Führungskräfte, die im vorgegebenen rechtlichen Rahmen offen mit diesen Themen umgehen und Rollenmodell sind. Nachteile ergeben sich auch dann, wenn die Firma die Art und Weise der Zusammenarbeit zu stark auf eine Mitarbeitergruppe fokussiert, denn im Unternehmen arbeiten heute drei bis vier Generationen gleichzeitig mit unterschiedlichen Erwartungen und Bedürfnissen. Hier ist Augenmaß gefragt. Die Arbeitskultur muss überdies zur Firma passen. Authentizität ist gefragt.

Die „New World of Work" hat bei Siemens übrigens seit Jahren einen konkreten Namen: „Siemens Office". Eine innovative neue Arbeitswelt, die die sich ändernden Erwartungen an Arbeitsumgebung und Arbeitskultur berücksichtigt. Das Zusammenspiel aus Förderung von mobilem Arbeiten, optimierten Angeboten zur Förderung von Work-Life-Balance, Nutzung modernster IT-Lösungen für volle Flexibilität sowie einer attraktiven, offenen Bürolandschaft, die Innovation und Kommunikation fördert, macht das Konzept einzigartig. Siemens Office wird Zug um Zug an immer mehr Bürostandorten eingeführt. Der kulturelle Wandel ist in vollem Gange.

Welche Modelle sind für lebenslanges Arbeiten denkbar?
Lebenslanges Arbeiten im wörtlichen Sinne streben die wenigsten an.

In Zeiten des demografischen Wandels geht es gerade in vielen westlichen Ländern aber tatsächlich darum, die Lebensarbeitszeit zu verlängern, um dem Fachkräftemangel zu begegnen und die sozialen Sicherungssysteme zu stützen. Bei der verlängerten Lebensarbeitszeit wiederum geht es vor allem um lebenslanges Lernen, um fit zu bleiben für den Job, das Unternehmen und den Arbeitsmarkt. Wir bei Siemens nennen das „Lifelong Employability". Neben fachlichen und entwicklungsorientierten Trainings bedeutet das auch Flexibilität für Richtungsänderungen zu zeigen. Das kann der Wechsel zwischen Fachlaufbahn und Managerlaufbahn sein, der Technologiewechsel innerhalb eines Tätigkeitsfelds wie auch ein Branchenwechsel.

Der Begriff „lebenslanges Arbeiten" ist für Siemens zugleich Sinnbild für eine Flexibilisierung der Arbeit gegen Ende des Berufslebens, bei dem die sich ändernden Bedürfnisse der Arbeitnehmer im Vordergrund stehen wie zum Beispiel Teilzeit oder auch die limitierte Zurverfügungstellung der über die Jahre erworbenen Expertise nach Eintritt ins Rentenalter, zum Beispiel als Berater, Coach oder Mentor.

● ●

IT

„Kommen Sie doch bitte herein." Irene Tauber, die IT-Verantwortliche hatte auf der Couch im Zimmer vor dem Büro der Geschäftsführerin Platz genommen. Sie kannten sich schon eine Weile. Bereits in der vorigen Firma hatten sie in ähnlicher Konstellation zusammengearbeitet, und als Viktoria die Geschäftsleitung angeboten wurde, hatte sie Frau Tauber gefragt, ob sie sie nicht begleiten wolle. „Interessant, dass wir uns nach all den Jahren immer noch siezen", fiel Viktoria auf. „Wie lange kennen wir uns jetzt schon?" „Zwölf Jahre", die Antwort kam schnell, knapp und präzise. „… in denen du dich nicht verändert hast", lächelte die Geschäftsführerin in sich hinein. Immer noch keine Zeit für Small Talk, Einstieg direkt ins Wesentliche. Soll mir recht sein. Sie blickte Irene auffordernd an.

„Wie gewünscht habe ich Ihnen folgende Aspekte aus meinem Bereich mitgebracht. Die aktuelle Situation mit all ihren Herausforderungen sowie die wesentlichen Trends und Zukunftsbilder, die uns meiner Erfahrung nach betreffen werden. Ich darf Ihren Fokus auf die Ist-Situation in der IT lenken", startete diese ohne weitere Umschweife.

Ein großes Thema waren eindeutig die Kosten, erkannte die Wirtschaftlerin in Viktoria sofort. Die IT war, bis auf wenige Ausnahmen, komplett in der Hand des Unternehmens. Ein klares „make, don't buy". Der dadurch entstehende IT-Fixkostenblock war beachtlich und verschlug ihr mit 80 Prozent der IT-Gesamtkosten den Atem, auch wenn hier bereits die Personalkosten inkludiert waren. Andererseits war die IT eine wesentliche Lebensader des Unternehmens, schließlich musste national wie international ein 7x24-Stunden-Betrieb sichergestellt werden. Etwa zwei Drittel der Aufwände dienten der Aufrechterhaltung des Geschäftes. Was den hohen Kostenblock nicht verschwinden ließ, aber irgendwie doch relativierte. Das restliche Drittel floss in Projekte, die den anderen Fachbereichen zugutekamen und damit einen Mehrwert und Effizienzgewinne für die gesamte Firma schufen. „Bei der Kostenverteilung liegen wir gleichauf mit dem Branchenschnitt", wurde ihr versichert, was es aber nicht besser machte, fand sie.

„Die Kosten schon wieder", seufzte Viktoria in sich hinein. „Irgendwie scheinen alle Probleme dort ihren Ausgangspunkt zu nehmen …" Lösungsorientiert begann sie sofort, mögliche Auswege durchzudenken, alle ihre Erfahrungen, alles, was sie in ihren Ausbildungen, aber auch in ihrem Berufsleben gelernt hatte, meldete sich in einem inneren Zwiegespräch zu Wort: „Was haben wir für Möglichkeiten?" „Kosten senken oder Umsätze erhöhen", kam prompt die Antwort. „… wobei Umsätze erhöhen bei unserer Ausgangslage, also nach dem verlorenen Großauftrag, eher unter schlechten Vorzeichen steht", zumindest in ihren Gedanken leistete sich die Geschäftsführerin hin und wieder einen Funken Sarkasmus. „Aber immerhin, das Thema Umsätze erhöhen hätten wir dann ja schon einmal ausgeschieden. Bleibt noch die Kostensenkung!" Einer der größten Kostenblöcke und somit auch einer der größten Hebel waren die Personalkosten. Hier anzusetzen war natürlich eine Möglichkeit. „Wenn auch eine, die ich erst anwenden würde, wenn sonst alle Stricke reißen", dachte die Geschäftsführerin und wischte damit den Gedanken nicht vom Tisch, aber doch ein bisschen beiseite. „Sollten alle anderen Ideen scheitern oder sollte es keine anderen Ideen geben, haben wir hier zumindest eine Auswegmöglichkeit, die man auf Sinnhaftigkeit prüfen kann."

Make and buy statt make or buy

Sie überlegte weiter: „Was hatte Irene Tauber anfänglich erwähnt? Die IT ist etwas, das wir komplett im Eigenbetrieb durchziehen? Vielleicht sollte man hier einmal Alternativen prüfen. Ob wir etwas auslagern können?" Sie ahnte, dass das eine Idee war, die der IT-Leiterin nicht gefallen würde, und antizipierte bereits ihre Reaktion: „Sie wird sicher sagen, dass wir damit ein hohes Risiko eingehen. Die Daten wären nicht mehr bei uns. Wir würden Kernthemen aus der Hand geben. Datendiebstahl, kein Überblick, wo gespeichert wird und wer (vielleicht sogar der Mitbewerb) darauf zugreifen kann etc. " So oder ähnlich würde sie sicherlich reagieren. Alle diese Argumente könnte Viktoria nicht von der Hand weisen, man müsste alle diese Punkte natürlich sorgfältig – und vor allem rasch – prüfen. „Wir könnten auch die Kernthemen, an denen quasi die Zukunft unseres Unternehmens hängt, weiterhin selber betreiben und die Nichtkernthemen auslagern. Dann hätte die IT mehr Ressourcen, um auf die Fachabteilungen einzugehen", spann sie den Gedanken weiter. Sie wusste, dass zwischen der IT und den Fachabteilungen oft eine sehr geladene Stimmung herrschte. Die Vorwürfe lauteten meist, die IT wäre zu sehr mit sich selber beschäftigt, in Meetings spräche man nicht dieselbe Sprache und gehe zu wenig auf die Bedürfnisse der Fachabteilungen ein.

Zufriedene Fachabteilungen, zufriedene IT

„Wenn wir hier Ressourcen freischaufeln, dann wäre das vielleicht ein Weg, die anderen Bereiche besser bei ihren Prozessen zu unterstützen", überlegte Viktoria weiter.

Und dann hatte sie eine großartige Idee: „Was wir brauchen, ist ein Tool, das uns hilft, die Märkte und ihre Bewegungen vorherzusehen, eine Art Prognose, wie sich ein Mitbewerber aufgrund der Geschäftslage, der Marktlage, des Umfeldes etc. verhalten könnte." Derzeit waren alle Reports rückwärts gerichtet, sie werteten die Auftragseingänge, die ausgelieferten Artikel und die Zeitdauer, wie lange der Kunde in der Leitung wartete, bis sich jemand aus dem Call Center meldete, aus. „Mit einem entsprechenden Prognosetool hätten wir vielleicht die Aktionen unserer Mitbewerber besser einschätzen und so erkennen können, dass wir Gefahr liefen, den Auftrag zu verlieren", die Eingebung der Geschäftsführerin war gut, kam aber für die aktuelle Situation zu spät. „Aber es ist ja noch nicht aller Tage Abend", dachte sie. „So könnte man vielleicht auch die bestehenden Friktionen zwischen den Bereichen beilegen, wenn sie mehr aufeinander eingehen." Sie machte sich eine entsprechende Notiz. Gleich morgen würde sie den Punkt mit dem Marketing-und-Sales-

Bereichsleiter besprechen und ihn beauftragen, sich Gedanken darüber zu machen.

Den wirklichen Grund für die wahrscheinliche Ablehnung der Outsourcingidee, nämlich die Angst vor dem Machtverlust, würde die IT-Leiterin sicherlich niemals zugeben. Sie machte sich im Geiste eine Notiz zu diesen Überlegungen und widmete sich wieder der Präsentation von Irene Tauber.

Dringend gesucht: IT-Experten

Server, Storage, Network, Security, Voice, Desktop & Mobile Devices, ERP, CRM, BI, … die Liste war lang, und die Geschäftsführerin war beeindruckt von der Breite der technologischen Themen, die für Irene zum Tagesgeschäft gehörten. Sie erkannte aber auch, dass eine solche Abteilung eine Vielzahl von Mitarbeitern mit hohem Expertenwissen erforderte, da kaum jemand auch nur im Ansatz mehrere dieser Themenbereiche beherrschen konnte. Und diese Experten waren Mangelware. Die wenigen, die es gab, wurden dementsprechend hofiert und waren immer wieder das Ziel von Abwerbungswellen durch Headhunter und Mitbewerber. Das wiederum bedeutete, dass sie in einer gefährlichen Abhängigkeit steckten. Was, wenn einer ihrer IT-Experten kündigte? Mittelfristig waren solche Engpässe sicherlich irgendwie abzufedern, denn sie hielten genauso wie der Mitbewerb in ihrem Unternehmen Ausschau nach guten Mitarbeitern. Aber wie sah das kurzfristig aus? Wie konnte man so eine Lücke kurzfristig schließen? Bei solchen Expertengraden war es kaum möglich, einen anderen Kollegen zusätzlich mit dem Thema zu betrauen. Ausfallsicherheit und Risiko Management waren hier definitiv zentrale Begriffe, die es dringend abzudecken galt. „Damit rückt die Option, die Personalkosten zu reduzieren, noch weiter weg", griff Viktoria gedanklich auf ihre vorherigen Überlegungen zurück.

Consumerization – ein neuer Trend

Irene Tauber machte eine kurze Pause und griff nach dem Wasserglas, das vor ihr auf dem Tisch stand. „Nun also zu den Aspekten, die auf uns zukommen", führte sie das Gespräch fort. „Bei dieser Gelegenheit möchte ich Ihnen eine Umfrage vorstellen, die wir unternehmensweit gemeinsam mit HR durchgeführt haben und deren Ergebnisse seit gestern auf meinem Schreibtisch liegen. Die Ergebnisse sind durchaus spannend, aber keineswegs überraschend", leitete die IT-Verantwortliche die Präsentation ein. Als eines der zentralen Themen habe sich der Wunsch nach einer Nutzung einer Fülle von Endgeräten herausgestellt – Endgeräte, mit denen sich Mitarbeiter privat beschäftigten, seien es Smartphones, Laptops und vor allem Tablets, oft auch mit unterschiedlichen Betriebssystemen.

„Eine Situation, die jedem Security-Verantwortlichen sofort den Angstschweiß in den Nacken treibt", erlaubte sich Irene eine für sie recht saloppe Bemerkung. Derzeit gab es im Unternehmen einige Smartphones derselben Marke und drei verschiedene Laptoptypen, selbstverständlich alle mit demselben Betriebssystem und alle von der IT ausgesucht, zentral gemanaged, secured und freigegeben. „Wir haben eine Analyse gestartet und untersucht, wie viele unserer SIM-Karten tatsächlich in den Geräten stecken, die wir den Mitarbeitern ausgehändigt haben. Dabei ist herausgekommen, dass rund 40 Prozent der Mitarbeiter offenbar ihre Dienst-SIM-Karte für ihre privaten Geräte verwenden. Sie holen sich das Firmenequipment ab, nutzen aber dann doch lieber ihr privates Equipment. Der Terminus technicus dafür lautet BYOD – Bring your own Device. Der dahinterliegende Trend heißt „Consumerization". Darunter versteht man, dass Mitarbeiter ihre eigenen Smartphones, Laptops, Tablet-PCs etc. und Consumer-Anwendungen für berufliche Zwecke nutzen. Diese derart weit verbreitete Nutzung von privaten Geräten am Arbeitsplatz zwingt uns IT-Experten und -Verantwortliche wiederum, unsere Denkweisen und Praktiken radikal zu überdenken", brachte es Irene Tauber auf den Punkt.

„Bei BYOD hat der Mitarbeiter quasi freie Hand in der Wahl des Equipments, er kann auch private Geräte und Tools im beruflichen Kontext und Umfeld verwenden. Ein weniger radikaler Ansatz, wenn Sie so wollen, ist

CYOD – Choose Your Own Device. Hier entscheidet weiterhin das Unternehmen, welche Gerätschaften von den Mitarbeitern genutzt werden, es gibt allerdings eine weitaus breitere Palette an Angeboten. Es werden also verschiedene Arten und Typen von Smartphones und Geräten angeboten, aus denen der Mitarbeiter wählen kann. Wir bieten derzeit auch mehrere Geräte an, allerdings alle mit demselben Betriebssystem. Die Wahlfreiheit ist somit zwar gegeben, aber in Wirklichkeit doch stark eingeschränkt. Da wir der Meinung sind, dass ein enormes Effizienzpotenzial auf Mitarbeiterseite im Consumerization-Trend liegt, haben wir uns entschieden, dieses Thema anzugehen, und evaluieren gerade, welcher der beiden Stoßrichtungen wir den Vorrang geben wollen – BYOD oder CYOD."

Alles in allem sah sie die Bedeutung von Security im Unternehmen stark ansteigen. „Ich habe Ihnen eine Gartner-Studie mitgebracht. Diese besagt, dass bereits 2014 mehr Geräte mit mobilen Betriebssystemen im Einsatz sein werden als PCs. Mit dieser Multiplattform-Herausforderung müssen wir erst einmal umgehen lernen. Und noch ein Punkt zum Thema Security: Derzeit verwenden wir acht Prozent unseres IT-Budgets für Security, damit liegen wir gleichauf mit dem Marktschnitt. Die eben erwähnte Studie zeigt uns, dass aktuell zirka neun Prozent des IT-Budgets für Security-Themen ausgegeben werden, mit stark steigender Tendenz."„Oh ja, das Kostenthema, da ist es wieder", dachte die Geschäftsführerin.

Arbeiten in der Freizeit und Freizeit während der Arbeit

Es war kein Geheimnis mehr, dass die Grenzen zwischen privat und geschäftlich, Freizeit und Job immer mehr verschwammen. Gerade junge Mitarbeiter hatten immer wieder Schwierigkeiten, sich daran zu gewöhnen, dass es Kernarbeitszeiten und auch einen Kernarbeitsplatz gab. Viktoria erinnerte sich sogar an ein paar Leute, die deshalb wieder gekündigt hatten. „So, als wäre es komplett undenkbar, sich zur Arbeitszeit im Büro einzufinden", sie schüttelte den Kopf. Obwohl sie selber oft abends oder auch nachts – und leider auch manchmal, wenn sie krank war – von zu Hause aus arbeitete, war das etwas, das sie nur in Ausnahmefällen tun wollte. Für sie war die Trennung zwischen Büro und den eigenen vier Wänden, zwischen Arbeit und Freizeit eigentlich immer ein zentrales Element gewesen. Auch wenn es definitiv Arbeiten gab, die man besser in Ruhe und in vertrauter Umgebung durchführte. Aber sie brauchte auch Momente, die ganz ihr gehörten, wo sie sich wirklich entspannen konnte. Dennoch war es für sie als Geschäftsführerin normal, auch am Sonntagnachmittag, während ihre Familie sich zu Kaffee und Kuchen versammelte, ihre E-Mails zu checken. Ein Umstand, den sie – diplomatisch ausgedrückt – keineswegs schätzte, sondern der in ihrer Position schlicht unvermeidbar war. Die jungen Leute heutzutage schienen offenbar weniger Probleme mit dieser Vermischung von Privatem und Beruf zu haben. „Und lebe ich es ihnen nicht genauso vor? ", dachte sie. Die Fähigkeit, Selbstreflexion zu betreiben, war manchmal mehr Fluch als Segen.

Der Druck, besonders auf die IT, schien zu wachsen. „Die Leute wollen offenbar jederzeit über ihre mobilen Geräte auf Unternehmensdaten zugreifen. Und sie wollen ihre privaten Geräte nutzen, Geräte, die wir nicht automatisch zentral anbieten und managen." Irene Tauber schaute auf den Tablet-PC, der auf dem Tisch zwischen ihnen lag. Als sie ihren Blick wieder der Geschäftsführerin zuwendete, lächelten beide Frauen. „Tja, offenbar hatte ich hier nicht als Einzige die gute Idee, Sie zu bitten, mein Tablet in die Unternehmens-IT zu integrieren. Aber jetzt einmal unter uns, wer benötigt denn im Unternehmen noch einen Tablet-PC und wozu, es haben doch alle ihre Laptops?" Der Druck kam offenbar aus dem Vertrieb, und da Viktoria selbst die Vorteile ihres Tablets sehr schätzte, konnte sie nachvollziehen, dass die Sales-Kollegen dieses Tool besonders bei Präsentationen vor dem Kunden einsetzen wollten. Es gab ihnen die Möglichkeit, bequemer und schneller als mit dem Laptop direkt auf ihren Sales Funnel zuzugreifen, also jederzeit und von überall einen Blick auf ihre Kunden und den Status der vertrieblichen Aktivität zu werfen: Wie wahrscheinlich ist ein Auftrag? In welchem Stadium befinden sich die Verhandlungen? Wann läuft die Gewährleistung ab? Und wann ist ein bestimmtes Gerät end-of-life und somit ein neues Angebot fällig? Unschätzbar wichtige Informationen, wenn man sich, so wie der Großteil der Kundenbetreuer, die meiste Zeit außerhalb des Unternehmens bei Kundenterminen aufhielt.

Social Network zulassen?

Ein weiteres Thema, das sich durch alle Bereiche zog, war die Nutzung von Social-Media-Plattformen und Webtools zur Effizienzsteigerung oder zum Wissensaustausch wie beispielsweise Skype oder Dropbox. Derzeit war es Unternehmenspolitik, keinen Zugriff auf Plattformen wie Xing, LinkedIn, Facebook etc. zu gewähren. Selbstverständlich standen den Mitarbeitern Pausenzeiten zu, die sie verbringen konnten, wie sie wollten, allerdings bestand die Befürchtung, dass aus ein paar kurzen Social-Media-Aktivitäten, gegen die sicher nichts einzuwenden war, ein paar längere Sitzungen wurden. „Und hatte sie da nicht unlängst von einer Studie gehört …? Von wem war die nur?", versuchte sich Viktoria zu erinnern. Sie wusste es nicht mehr. Jedenfalls hatte man herausgefunden, dass ein beträchtlicher Teil der Arbeitszeit von Mitarbeitern bereits jetzt schon für private Aktivitäten genutzt wurde. „Um wie viel würde dieser Anteil noch ansteigen, wenn wir freien Zugang zu Facebook & Co. gewähren ", überlegte die Geschäftsführerin. „Was meinen Sie zu dieser Debatte?", fragte sie Irene Tauber. Sie wäre hier recht zweigespalten, gab diese zu. Ihre erste Einschätzung und Reaktion wäre, alles so zu belassen, wie es war, also keinerlei Öffnung von Social-Media-Plattformen im Unternehmen. Aber andererseits „… sind wir beide einfach keine Digital Natives. Ganz im Gegenteil, wir könnten eher die Mütter von Digital Natives sein." Die IT-Leiterin zwinkerte Viktoria zu, als sie sich diese kleine scherzhafte Anspielung auf ihrer beider Alter erlaubte. Beide trennten beinahe 20 Jahre von einem Digital-Native-Dasein, was bedeutete, dass sie die Bedürfnisse dieser jungen Mitarbeiter und die Tatsache, dass die 7x24-Nutzung solcher Networking Tools für diese Generation zum grundlegenden Kommunikationsverhalten zählte, nur bedingt nachvollziehen konnten.

Irene Tauber ging einen Schritt weiter: „Dieses Bedürfnis scheint mittlerweile so grundlegend zu sein, dass eine Nutzungssperre nicht nur massive Unzufriedenheit, sondern blankes Unverständnis auslösen kann und wohl in einigen Fällen auch dazu führen wird, dass man sich für ein anderes Unternehmen entscheidet. Ich denke daher, es wäre sehr kurzfristig gedacht, hier die Haltung einzunehmen, dass es sicher noch genug andere gibt, die einen Job bei uns haben wollen. Auf längere Sicht könnte das dazu führen, dass wir als Arbeitgeber gerade für junge Leute stark an Attraktivität verlieren. Aber das ist nur meine persönliche Meinung", fuhr die IT-Leiterin fort, „keinesfalls möchte ich hier in die Kompetenzen von Frau Rauscher, meiner HR-Kollegin eingreifen, das steht mir nicht zu." „Korrekt wie immer", dachte Viktoria schmunzelnd, „eine deiner Eigenschaften, die ich sehr schätze."

„Wahrscheinlich ist es wie damals vor ein paar Jahren, als wir die Diskussion über Diensthandys führten", überlegte die Geschäftsführerin. Die Emotionen waren damals in der Debatte, ob alle Mitarbeiter ein Diensthandy bekommen sollen oder nicht, teilweise hochgegangen. Auch damals wurde bis in kleinste Detail diskutiert, wie sie sich verhalten sollten, wenn die Mitarbeiter dann natürlich die Dienstgeräte auch für Privatgespräche nutzten. Viktoria lächelte. „Unglaublich, wie damals gestritten wurde, welche Bedenken wir hatten. Heute ist das überhaupt kein Thema mehr. Damals entschieden wir, es testweise zu versuchen, und heute haben die meisten Mitarbeiter ein Diensthandy zur freien Verfügung – und es hat noch nie ein Problem deshalb gegeben. Wahrscheinlich sollten wir beim Thema Social-Media-Plattformen genauso entscheiden", schloss Viktoria ihre Überlegungen zu diesem Thema ab und konzentrierte sich erneut auf Irene Tauber, die IT-Leiterin.

Daten kennen keine (Unternehmens-)Grenzen

„Wir haben weiter festgestellt, dass private Applikationen genutzt werden. Unter anderem auch, um sensible Unternehmensdaten darauf abzuspeichern und effizienter und besser zusammenzuarbeiten. So als würden sich die Mitarbeiter eine eigene Collaboration-Plattform erschaffen", resümierte die IT-Leiterin. „Collaboration-Plattform? Das müssen Sie mir bitte erklären", meldete sich Viktoria zu Wort. Eine Collaboration-Plattform erleichtere die Zusammenarbeit innerhalb, aber auch außerhalb des Unternehmens, führte Irene aus. Es werde ein gemeinsamer Zugriff auf Dokumente gewährt und es bestehe die Möglichkeit, auf unkomplizierte Weise mit dem gesamten Team zu kommunizieren oder von unterwegs Videokonferenzen durchzuführen. Das Ganze werde stark gestützt von der Nutzung mobiler Endgeräte, die somit einen orts- und zeitunabhängigen Zugriff ermöglichen. „Steigert die Effizienz, erleichtert den Arbeitsalltag. Besonders in einem Unternehmen wie unserem, wo laufend mit sieben weiteren Standorten kommuniziert wird. Stellen Sie sich vor, Sie arbeiten an einem gemeinsamen Dokument und haben eine Frage an einen Kollegen. Die Frage ist richtungsentscheidend, das heißt, Sie können nicht weiterarbeiten, solange der Kollege die Frage nicht beantwortet hat. Sie können nun eine E-Mail schreiben, das Dokument wieder schließen und ein paar Stunden – im schlimmsten Fall Tage – warten, bis ihr Kollege antwortet. Oder aber Sie haben zusätzlich die Möglichkeit, seine Präsenzinformation einzuholen, und wenn der Kollege ebenfalls gerade online ist, die Frage mit ihm sofort telefonisch oder per Chat zu klären. Sie können auch beide an dem gemeinsamen Dokument arbeiten und Änderungen vornehmen. Besonders bei komplexen und großen Themen beziehungsweise bei Gebieten, wo viele Personen mitarbeiten, hat derzeit noch oft eine Person die Oberhand über das sogenannte Masterdokument, um den Überblick nicht zu verlieren. Alle anderen machen Änderungen und Beiträge, speichern sie lokal auf ihrem Rechner ab und senden sie dann an diese Person, die viel wertvolle Zeit verliert, um diese Inputs einzutragen", schloss Irene ihre Ausführungen ab.

Mobile Strategie

Kurz zusammengefasst hieß das: Eine stark fragmentierte Landschaft unterschiedlicher Endgeräte und Anwendungen kam auf das Unternehmen – insbesondere auf die IT – zu.

„… und eine Umfrage von Forrester in Europa und Nordamerika bestätigt, dass bereits heute 44 Prozent der Mitarbeiter täglich für ihre Arbeit drei oder mehr unterschiedliche Geräte wie Desktop, Laptop, Smartphone etc. verwenden", belegte die IT-Leiterin die unternehmensinternen Umfrageergebnisse. „Wobei hier das Problem weniger die verschiedenen Gerätschaften sind, sondern vielmehr die Tatsache, dass sich unterschiedliche Betriebssysteme herauskristallisiert haben.

Irene hatte ihre Hausaufgaben gemacht und fuhr fort, einen möglichen Lösungsansatz zu skizzieren, den sie Desktop-Virtualisierung nannte. „Aber eigentlich müssen wir zuerst unsere mobile Strategie definieren und können erst dann mögliche Szenarien festlegen. Diese mobile Strategie hängt auch von mehreren Nicht-IT-Themen ab. Erst dann können wir entscheiden, wie wir weiter vorgehen wollen", sagte die IT-Leiterin.

„Puh, ganz schön viel IT", klinkte sich die Geschäftsführerin kurz geistig aus dem Gespräch aus. Sie schätzte Irene Tauber sehr und war beeindruckt von ihrem Fachwissen ... und brauchte eine kurze Pause.

„Schaffen wir eine Unabhängigkeit von Endgerät und Betriebssystem, da die ganze Logik und Datenhaltung zentral im Rechenzentrum liegt", kam Irene Tauber zum Ende.

Eine IT, die je nach Unternehmenserfolg wächst oder schrumpft

„Danke für die Ausführungen. Wie immer haben Sie mir alle Aspekte sehr klar und transparent skizziert", bedankte sich Viktoria bei der IT-Leiterin. „Aber was haben wir für Möglichkeiten, unsere Kosten zu senken?", bohrte sie nach. „Der hohe Fixkostenblock ist definitiv eine massive Schwachstelle im Unternehmen, die uns in guten Jahren, wenn die Umsätze passen, kaum schmerzt. Wenn allerdings – so wie aktuell gerade der Fall – eine Krise eintritt, dann wird das Ganze zu einem Problem. Sobald die Umsatzzahlen nicht mehr stimmen, beginnen wir zu sparen, können allerdings den größten Hebel, nämlich die IT-Fixkosten, nicht angreifen. Diese Inflexibilität ist sehr kritisch. Ich habe verstanden, dass die IT viele sehr komplexe Themen und Technologien abdeckt und ein essenzieller Bereich für das Überleben unseres Unternehmens ist, aber wir müssen es schaffen, hier eine Kostenvariabilität zu erzeugen. Die Kosten müssen sich parallel zu den Umsätzen entwickeln."

Die IT-Leiterin sah sie regungslos an. Nur ein kleines Zucken ihrer Mundwinkel verriet, dass sie genau verstand und wusste, in welche Richtung das Gespräch nun laufen würde. Viktoria hatte ihre Ablehnung richtig vorhergesehen. „Für welche Themen haben wir uns bereits Cloud-Lösungen angesehen?", ließ sie daher nicht locker. Irene Tauber räusperte sich. „Meine Leute evaluieren gerade drei Anbieter zu einem Thema, der Zeitplan der Evaluierung hält, und die Ergebnisse werden Anfang Juni zur Verfügung stehen."

„Ich glaube, ich höre nicht recht!", Viktoria explodierte gedanklich. Sie erinnerte sich an den Jour fixe, in dem die IT-Leiterin vom Beginn dieser Analyse berichtet hatte – das lag gut zwei Monate zurück. „Sie evaluieren seit mindestens zwei Monaten und brauchen nun noch drei? Was tun die, bitteschön?!", dachte sie verärgert. Die IT-Leiterin fuhr fort: „Es ist selbstverständlich auch meine Pflicht, Sie auf das Gefahrenpotenzial von Cloud-Lösungen hinzuweisen. Am augenscheinlichsten jenes, dass wir die Herrschaft über unsere sensiblen Daten verlieren. Keiner weiß genau, wie und wo Storage vonstatten geht. Nicht einmal das härteste SLA entschärft die Gefahr von Datenverlust und Datendiebstahl. Ein Restrisiko wird immer bleiben." Die Geschäftsführerin verstand genau, wo die Bedenken der IT-Leiterin herrührten. Dieses Gefahrenpotenzial war definitiv ein Fakt, das nicht von der Hand zu weisen war. Aber trotzdem musste man die Fachbereiche effektiv durch die IT unterstützen.

Und dann waren da noch die Dinge, die Irene Tauber *nicht* sagte und dennoch offenbarte. Kein Coaching, kein Training dieser Welt konnten verhindern, dass sie die Botschaft nichtsdestotrotz kommunizierte. „Tja, ich kenne dich einfach schon lange", Viktoria lächelte in sich hinein, „und habe wohl auch ein wenig meiner Zeit in ebendiese Coachings investiert." Dass Irene Tauber befürchtete, an Macht zu verlieren, sobald sie Themen aus der Hand gab und outsourcte, konnte die Geschäftsführerin auf persönlicher Ebene gut verstehen. Aber für persönliche Befindlichkeiten gab es keinen Raum, wenn sich die Lage zuspitzte.

„Setzen Sie bitte ein weiteres Projekt auf und evaluieren Sie, welche Themen in Ihrem Bereich zur sogenannten Kern-IT gehören, also Themen sind, die wir keinesfalls outsourcen sollten, weil die Daten zu sensibel sind, es sich hier um Kernunternehmensprozesse handelt oder Prozesse, die eine klare Differenzierung zum Mitbewerb darstellen. Alle anderen Prozesse und Themen sind potenzielle Kandidaten für eine Auslagerung in die Cloud. So erreichen wir zwei Ziele: Wir senken einerseits unseren starren Fixkostenblock und variabilisieren andererseits die restlichen Kosten und können nun agiler vorgehen. Die IT ‚atmet' mit dem restlichen Business mit. Und wenn ich Sie vorhin richtig verstanden habe, dann wäre der Einsatz von Cloud-Lösungen doch auch ein optimaler Grundstein zur Lösung der Integration vieler unterschiedlicher mobiler Endgeräte und dazugehöriger Betriebssysteme in unsere IT-Landschaft. Das ist eindeutig ein Thema für die Geschäftsführung, deshalb werde ich Ihnen Herrn Nowak, einen meiner Assistenten, als Projektleiter zur Seite stellen", sagte Viktoria. Sie wusste, dass sie nur so sicherstellen konnte, dass das Projektteam neutral an die Aufgabenstellung heranging, und nahm einen weiteren Dämpfer für die IT-Leiterin in Kauf. „Dieses Projekt ebenso wie die Evaluierung der Cloud-Anbieter bekommen ein Top-Ranking, voller Fokus darauf. Ich erwarte eine erste Einschätzung in zwei Wochen, ein finales Ergebnis in eineinhalb Monaten." Die Geschäftsführerin ließ keinen Zweifel daran, dass sie keine weitere Diskussion zu dem Thema wünschte.

Ihre Überlegungen hinsichtlich der Öffnung bestimmter Social-Media-Plattformen ebenso wie ihre Ideen, wie man mit den dadurch frei gewordenen Ressourcen in der IT verfahren könnte, genauso wie die Entwicklung von Business-Prognose-Tools behielt sie zunächst für sich. Auch wenn das vielleicht sogar eine Entspannung der verärgerten Haltung der IT-Leiterin, die um ihren Machbereich fürchtete, bedeutet hätte. „Die Flexibilisierung via Cloud-Lösungen hat jetzt einmal Top-Priorität. Da gilt es rasch zu Ende zu analysieren und dann umzusetzen. Sollte ich richtig liegen und es ergeben sich daraus Opportunities und freie Ressourcen, werden diese als Nächstes umgesetzt", sagte die Geschäftsführerin, während sie ihre Notizen zum Termin mit der IT in ihre Schreibtischschublade legte.

• •

TERMIN MIT IT

➜ 80 Prozent der IT-Kosten (inklusive Personalkosten) sind Fixkosten

➜ Auslagerung von Nichtkernthemen bringt freie Ressourcen in IT ➜ Unterstützung der Fachabteilungen möglich?

➜ Prognosetool Markt/Mitbewerber/Lieferanten etc. ➜ Check mit Marketing-und-Sales-Bereichsleiter

Kapitel 3: IT

- Hohes Expertenwissen in der IT erforderlich – wie geht man mit dem Ausfallrisiko um?
- Consumerization: BYOD versus CYOD, starke Auswirkung auf Security
  → Analyse in IT bereits im Laufen
- Social Media für gesamtes Unternehmen öffnen?
- Collaboration-Plattform – gemeinsames Arbeiten an Projekten und Dokumenten, ideal ergänzt durch Chat, Videokonferenz, Präsenzinfo
- IT-Kosten müssen an Unternehmenserfolg gekoppelt werden
- Cloud-Lösung für Nichtkernthemen der IT → Auftrag an IT gemeinsam mit Herrn Nowak. Erste Info in zwei Wochen, Ergebnis in eineinhalb Monaten
- Mobile Strategie muss entwickelt werden. Konnex zur Geschäftsstrategie

●●

FACTBOX

Rund 70 Prozent des gesamten IT-Budgets werden für die Aufrechterhaltung des Betriebs verwendet. Nur 30 Prozent stehen für neue Projekte zur Verfügung, die das Business weiterentwickeln.
Quelle: IDC Digital Universe Studie 2011 von EMC

Das Datenvolumen weltweit verdoppelt sich alle zwei Jahre, wobei 80 Prozent der Daten unstrukturiert sind.
Quelle: http://austria.emc.com

The Economist has projected a growth in the number of mobile devices to reach 10 billion by 2020 and the shipment of mobile devices to be almost two times that of laptops and PCs as early as 2013.
Quelle: The Economist, page 4, „Special Report on Personal Technology", October 8, 2011

Laut Gartner 2104 werden 90 Prozent der Organisationen Unternehmensapplikationen auf privaten Endgeräten erlauben und unterstützen.
Quelle: www.gartner.com

„Jede Stunde werden elf neue Arten von Malware für mobile Endgeräte ent-
wickelt."
*Quelle: Kaspersky Lab. Originaltext: „... mobile malware is growing. IT security firm
Kaspersky is seeing 11 new types an hour, according to David Emm, Senior Security
Researcher at Kaspersky Lab."*

55 Prozent der österreichischen Unternehmen nutzen Cloud-Lösungen oder
planen den Einsatz von Cloud-Lösungen.
Quelle: IDC Digital Universe Studie 2011 von EMC

„2014 werden mehr Geräte mit mobilen Betriebssystemen im Einsatz sein als
PC."
Quelle: www.gartner.com

Die Erwartungen an einen Cloud Infrastructure as a Service Provider sind
➜ Erhöhung der Infrastrukturzuverlässigkeit und Performance
➜ Reduktion der Kosten und von Ineffizienz
Quelle: Bluelock 2013, Cloud Value Survey

„Der Markt für Cloud Services wächst um 24 Prozent von 2011 bis 2015."
*Quelle: 451research, white paper Interxion 2013, The evolution of the European Cloud
Market*

56 percent of employees surveyed say that they use unsupported personal
devices or apps for work because they need the capabilities and their orga-
nization does not provide an alternative.
Quelle: Unisys/Forrester Research Study „Consumerization of IT"

INTERVIEW

Dr. Gerald Hübsch
Energie AG Oberösterreich
Leiter Konzern-IT-Steuerung / Group CIO

Wie gehen Sie mit den stetig steigenden Datenmengen um und wie werden die richtigen Informationen gefunden?

Die für unsere Geschäftstätigkeit relevanten Informationen haben mittlerweile ein Volumen erreicht, das eine vollständige konventionelle „Kontrolle" – im Sinne der Beherrschbarkeit jedes einzelnen Datensatzes – kaum mehr erlaubt. Dies betrifft sowohl die im Unternehmen generierten, noch stärker aber die externen, „konsumierten" Informationen. Während klassische kommerzielle und technische Informationssysteme wie ERP- und CRM-Lösungen oder technische Anwendungen die Datenbestände noch sehr gut strukturiert verwalten können, braucht es für die internetgestützte Datenflut neue Arbeitstechniken, Verhaltensweisen und Werkzeuge. Anstelle Datei für Datei einzeln zu benennen, zu beschlagworten und händisch abzulegen, benötigen wir zunehmend „unscharfe" Arbeitstechniken, um den wertvollen Inhalt zu erschließen. Neben klassischen Techniken des Wissensmanagements und textbasierten Suchfunktionen gewinnt die semantische Suche und die geordnete kontextsensitive Verknüpfung zunehmend an Bedeutung. Dies setzt aber auch eine geeignete Klassifizierung von Informationen, den vertrauenswürdigen Umgang und den Schutz der beteiligten Personen und Datenbestände voraus. Gerade die jüngsten globalen Vorfälle und Erkenntnisse belegen die Bedeutung des Datenschutzes: Ein vertrauensvolles Informationsmanagement und die weitreichende Informationssicherheit sind für unsere Kunden und Mitarbeiter essenziell. Letztlich ist die Speicherung und Verarbeitung von Informationen eine Frage der Vertrauenswürdigkeit jeder Organisation. Auch hier gilt es, die Möglichkeiten der Informationstechnologie, wie z.B. das Cloud Computing, nutzbringend und verantwortungsvoll zu nützen.

Wie geht die ENERGIE AG damit um, dass „Arbeit nicht mehr an einen Ort gebunden ist" – welche Mobility-Strategie verfolgt das Unternehmen?

Die ENERGIE AG agiert seit vielen Jahren bereits als „mobiles" Unternehmen. Sei es im technischen und vertrieblichen Außendienst oder auf Managementebene: Der mobile Zugriff auf geschäftsrelevante Informationen und Dienste gehört längst zum Alltag. Typische Beispiele sind technische Geo-Informationssysteme, CRM-Dienste für die effektive Kundenbetreuung, klassische Office-Dienste wie E-Mail und Internetzugriff oder Management-Informationssysteme für die Aufbereitung relevanter Entscheidungsgrundlagen.

Unser Geschäft hält sich nicht länger an „Ladenöffnungszeiten", im Ernstfall gehen die Versorgungssicherheit und Betreuung unserer Kunden und energiewirtschaftlichen Anlagen vor. Der starr geordnete Tagesablauf wird zunehmend flexibler, ein orts- und zeitunabhängiges Arbeiten – stets im Rahmen der gesetzlichen Vorgaben und individuellen Vereinbarungen – wird zum Selbstverständnis. Auch Energieunternehmen können es sich nicht (mehr) leisten, jede Stelle und jedes Spezialwissen mehrfach vorzuhalten, die Bedeutung jedes einzelnen Experten und Know-how-Trägers steigt. Die Informations- und Kommunikationstechnologie muss dabei die Mitarbeiterinnen und Mitarbeiter optimal unterstützen.

Klassische Werkzeuge für den mobilen Zugriff sind Notebooks mit gesichertem Fernzugang, zunehmend aber auch Smartphones, Tablets und geräteunabhängige Webdienste auf Basis HTML 5.

Letztlich ist mobiles Arbeiten auch eine Frage der Geschäftsstrategie, Unternehmenskultur und Vertrauensbasis im Unternehmen. Auf den richtigen Umgang mit diesen Arbeitsformen und IT-Diensten kommt es entscheidend an. Ein geordnetes Rahmenwerk in Form einer Betriebsvereinbarung, ein spezifisches Bildungsangebot und die Berücksichtigung des mobilen Arbeitens in der Führungskultur sind wesentliche Voraussetzungen, um die zahlreichen Vorteile des mobilen Arbeitens zu nützen und gleichzeitig die Risiken im Auge zu behalten. Die Sicherheit unserer Mitarbeiterinnen und Mitarbeiter steht im Vordergrund.

• •

Kapitel 3: IT

INTERVIEW
Dipl.-Kfm. Marcus Frantz
OMV AG
Group CIO

Welche Bedeutung bzw. welchen Anteil werden Cloud Services bis 2020 bei der OMV AG haben?
Cloud Services werden von zentraler Bedeutung für die OMV AG sein, da das Geschäftsmodell und die Industrie, in der wir tätig sind, dieses unmissverständlich einfordern. Das hängt einerseits mit den Mobilitäts- und Sicherheitsanforderungen unserer Industrie zusammen, zum anderen resultiert es aus einer konsequenten Orientierung an dem Ziel einer effizienten und effektiven IT-Delivery.

Wie entwickelt sich das Thema „Bring Your Own Device" und wie gehen Sie damit um?
BYOD ist für uns kein Thema, wir beschäftigen uns allerdings mit den Konsequenzen aus der „Consumerization of IT" sowie der notwendigen Balance aus Sicherheit und Flexibilität. Unser Ansatz ist die Ausrichtung an „Chose your own" für generelle Collaboration und Kommunikation (auf Basis definierter Personas/Workstyles), „Here is your own" für dedizierte mobilisierte Geschäftsprozesse (mit einer ausschließlichen Nutzung des Devices für genau diesen spezifizierten mobilisierten Geschäftsprozess) und „Use your own" für Mitarbeiter, bei denen die OMV gemäß deren Workstyle kein solches Gerät vorsieht, diese es aber dennoch verwenden wollen (mit klaren Nutzungseinschränkungen im Businesskontext, das heißt whitelisted, accomodated und unter unserem MDM).

Welchen Stellenwert hat Videokommunikation im Alltag eines internationalen Konzerns?
Im Zuge einer zunehmend größeren Abhängigkeit von den Unternehmensbereichen und den Arbeitsprozessen ist die Videokommunikation elementar bei der Unterstützung des Arbeitsalltags. Der Arbeitsplatz der Zukunft wird bei uns auf jeden Fall eine höhere Integration dieses Kommunikationsmittels vorsehen, sei es über „Stand-alone"-Lösungen, integrierte Lösungen, als Bestandteil der Collaborations-Suite. Es ist aber im Wesentlichen ein kultureller Aspekt, der viel stärker adressiert und beim Mitarbeiter platziert werden muss.

Organisation

„So wie ich das sehe, wird in naher Zukunft einiges auf uns zukommen", sagte Oskar Oberascher, der Leiter des Bereiches Organisation und Organisationsentwicklung. „Wir müssen uns auf mehreren Ebenen wappnen. Organisationsstrukturen müssen neu überdacht werden, die Prozesse sind anders zu gestalten und auch neue IT- und TK-Werkzeuge werden zum Einsatz kommen."

Bereits zehn Minuten nach Beginn des Gesprächs waren er und die Geschäftsführerin tief in Details versunken. Der Organisationsleiter zog es vor, gleich auf den Punkt zu kommen. Leider gehörte er aber auch zu jenen Leuten, die extrem stark in ihrem Gebiet verankert sind und in der Annahme leben, dass auch alle anderen Personen dieselbe Expertise haben. „Bitte erklären Sie mir das genauer", „Da konnte ich Ihnen jetzt nicht ganz folgen" und „Könnten Sie das bitte nochmal sagen" waren Aussagen, die er wohl öfter zu hören bekam. Ähnlich ging es auch der Geschäftsführerin. Da sie Oskar jedoch kannte und schon einige dieser Termine mit ihm erlebt hatte, wusste sie von Anfang an, was auf sie zukam. „Würden Sie das bitte näher ausführen?", forderte sie ihn daher auf. „Selbstverständlich, sehr gerne" antwortete Oskar. Er zeichnete sich durch ein freundliches Wesen aus und strahlte dabei auch eine bemerkenswerte Ruhe aus. Dabei war es gleichzeitig immer spannend, sich mit ihm zu unterhalten. Hin und wieder beobachtete sie dieses scheinbar paradoxe Zusammenspiel von Effizienz in Auftreten und Wortwahl und seiner inneren Ruhe, die im positiven Sinne ansteckend war. Termine mit ihm waren wie eine kleine Entschleunigungsübung – und inhaltlich trotzdem immer fordernd.

Die Neue Welt des Arbeitens ist überall ein Thema

„Lassen Sie mich mit den IT- und TK-Werkzeugen beginnen. Egal, welche Begründung Sie anführen möchten, ob uns neue Technologien revolutionieren oder ob sie es als Trend namens ‚Neue Welt der Arbeit' bezeichnen wollen. Fakt ist, die Zusammenarbeit wird sich massiv ändern. Und wenn Sie mich um meine persönliche Meinung fragen, dann sage ich Ihnen, dass sie sich bereits geändert hat und in einem ständigen Wandel ist."

„Wahnsinn", dachte Viktoria, „was für ein Déjà vu! Es gab bisher kein Gespräch, in dem die neue Welt der Arbeit kein Thema gewesen wäre. Ich frage mich allerdings schon, warum so etwas, das offenbar so präsent ist, nur dann aufs Tableau kommt, wenn eine Krise ausbricht und wir dem auf den Grund gehen müssen. Wenn ich daran denke, wie viele Meetings wir gemeinsam hatten, und nichts davon kam jemals mit dieser Klarheit heraus! Was soll ich machen, um ihnen so etwas aus der Nase zu ziehen? Sie am Ende des Termins fragen, ob sie sonst noch etwas auf dem Herzen haben, ob es abgesehen von den besprochenen Themen noch etwas gibt, das sie bewegt?", ärgerte sie sich, um gleich darauf besorgt festzustellen: „Wir sind alle so dermaßen im Tagesgeschäft verhaftet, mit Themen, die uns im Hier und Jetzt beschäftigen, dass wir kaum dazu kommen, in die Zukunft zu schauen und darüber nachzudenken, was auf uns zukommen wird. Vielleicht ist genau das mit ein Grund, warum wir den Auftrag und vielleicht auch den Kunden verloren haben." Der Gedanke biss sich in ihrem Kopf fest. Viktoria versuchte ihre Konzentration wiederzuerlangen, um den Worten des Organisationsleiters zu folgen. Sie wusste, dass das gerade bei ihm enorm wichtig war, da er ohnehin die Tendenz hatte, gedanklich abzuschweifen, quasi „davonzugaloppieren". „Jetzt gehen wir das Thema ja an", dachte sie bei sich. Doch die Beunruhigung blieb. Und der imaginäre Sparringspartner in ihrem Kopf antwortete prompt: „Na hoffentlich ist es noch nicht zu spät dafür."

E-Mail – Fluch und Segen zugleich

Viktoria riss sich zusammen und hörte Oskar sagen: „… Ziel muss es sein, die Zusammenarbeit effizienter zu gestalten. Wie geht es Ihnen zum Beispiel mit den E-Mails, die Sie bekommen?", fragte er und nahm die Antwort gleich vorweg: „Wahrscheinlich genauso wie mir. Wann immer ich an meinen Schreibtisch zurückkehre, wartet eine Flut an neuen Nachrichten auf mich. Und das, obwohl ich mich der Unsitte angeschlossen habe, in Terminen und Meetings meine E-Mails zu lesen. Wissend, dass Multitasking im Endeffekt nur bedeutet, dass ich weder den Themen im Meeting noch den Themen der E-Mails wirklich folgen kann. Im Endeffekt gehe ich aus solchen Terminen mit dem nagenden Gefühl, durch die Beschäftigung mit meinen E-Mails vielleicht etwas Wichtiges verpasst zu haben, aber auch mit dem Bewusstsein, dass ich die E-Mails eigentlich nur überfliegen konnte. Um dann in mein Büro zurückzukommen und wieder eine beträchtliche Anzahl neuer E-Mails in der Inbox vorzufinden. Das ist ein Paradebeispiel für Effizienzverlust, wenn Sie mich fragen. Und ich gebe mich nicht der Illusion hin, dass das ein Managementphänomen ist. Es betrifft oder kann jeden Mitarbeiter betreffen. Viele meiner Mitarbeiter klagen darüber, dass sie vor lauter E-Mails ‚nicht mehr zum Arbeiten kommen' und ihre Zeit großteils in Meetings verbringen. Die Art und Weise, wie wir E-Mails nutzen, ist aus meiner Sicht bereits der nächste Effizienzkiller. Viele nutzen sie als Dokumentationstool, indem sie beispielsweise Protokolle versenden – die dann aber auch noch im Ordner des jeweiligen Projektes oder Themas abgespeichert werden. Viele nutzen sie zur Terminfindung. Aber mit E-Mails stößt man recht rasch an Grenzen, wenn man versucht, mit einer Gruppe von Leuten einen gemeinsamen Termin zu finden oder Dokumente mit mehreren Personen abzustimmen. Da können Ping-Pong-Spiele entstehen, die einfach unglaublich sind. ‚Da kann ich nicht', antwortet der eine, ‚ich kann da schon, aber nur ab 18.30', meint ein anderer, ‚18.30 geht bei mir nicht, schaffst du auch 18 Uhr?', meldet sich noch ein dritter zu Wort, jede E-Mail geht immer an den gesamten Verteiler. Irre! Solche Prozesse gehören nicht verbessert, sie gehören komplett neu designt. Viele Leute nutzen E-Mails wie einen Chat, was in einer 1:1-Kommunikation ja noch funktionieren kann. Zumindest solange beide Teilnehmer vor dem

Computer sitzen und sich die Zeit dafür nehmen. Doch in Wirklichkeit sollten E-Mails reine Informationstools sein, für alle anderen Anwendungsgebiete gibt es bessere und weitaus effizientere Lösungen."

Viktoria und Oskar waren sich einig, dass eine reibungslose Kommunikation ein extrem erfolgskritischer Baustein für den wirtschaftlichen Erfolg eines Unternehmens darstellte. Es lag daher auf der Hand, dass sich mit einer geänderten Arbeitswelt auch die Kommunikation zwischen den Beteiligten ändern musste. Oskar Oberascher schätzte, dass man bereits heute die Anzahl der E-Mails um 30 bis 50 Prozent reduzieren konnte, wenn man alternative Kommunikationsmedien so einsetzte, dass sie den Menschen nutzten und nicht bloß einen weiteren Kommunikationskanal darstellten, den es ab sofort zu bedienen galt. „E-Mails, die ich erhalte, haben oft mehrzeilige Verteilerlisten. Alles scheint für alle relevant zu sein. Aber ist es das auch? Oder führt so eine fast schon missbräuchliche Verwendung nicht zu einem passiven Antwortverhalten? Oftmals sind die E-Mails viele Seiten lang. Eines, das ich einmal ausgedruckt habe, ging über mehr als fünf Seiten und war noch dazu an einen immens großen Verteiler gerichtet. Wer liest das noch? Oder anders ausgedrückt: Wer hat die Zeit, all das noch zu lesen? Ein möglicher Ansatzpunkt könnte hier Social Collaboration beziehungsweise ein Enterprise Social Network sein. Es ist für Broadcasting gedacht und sinnvoll, wenn viele Mitarbeiter ‚synchron' Informationen erhalten sollen. Es werden Informations- und Kommunikationsstreams dargestellt, die von den Mitarbeitern gezielt abonniert werden können. Der Vorteil besteht darin, dass das Wissen aus der gesamten Organisation besser genutzt werden kann."

Viele Kommunikationskanäle, noch mehr Informationen

„Was gibt es sonst noch an Kommunikationsmitteln?", fragte Oskar, um die Antwort gleich nachzuschießen: „Da wäre das gute alte Festnetz, die Mobiltelefonie, SMS, die Sprachbox, wie gesagt E-Mails, und immer wieder kommen auch Videokonferenzlösungen zum Einsatz. Damit sind wir eigentlich noch recht konservativ aufgestellt. Breit genutzt werden sicherlich auch Instant Messaging, um sich auszutauschen, aber auch eigene Projektmanagementplattformen, die bedient werden wollen, und und und. Die Liste ist lang, und im Zeitalter des technologischen Fortschritts werden wohl immer mehr Kommunikationsmöglichkeiten und -kanäle dazukommen. Wie geschaffen, um in bestimmten Situationen die Kommunikation zwischen den Menschen zu verbessern und zu erleichtern. Wir neigen allerdings dazu, alle neuen Kommunikationswege einfach der Liste der alten hinzuzufügen. Neben der Informationsflut, mit der wir auf den gewohnten Kanälen konfrontiert sind, machen wir nun noch weitere Kanäle auf, um uns auch dort auszutauschen. Und in den meisten Fällen entstehen diese neuen Kommunikationskanäle nicht kostenlos im Unternehmen, sondern wir kaufen sie ein, weil wir uns dadurch Verbesserungen, eine höhere Geschwindigkeit, reibungslosere Abläufe bzw. – mit einem Wort – Effizienzgewinne erwarten. Ich persönlich bezweifle allerdings stark, dass wir diese Effizienzgewinne tatsächlich heben können und auch, dass sich die Investition in neue Kommunikationskanäle in dieser Konstellation überhaupt jemals rechnen wird. Es geht doch schließlich nicht darum, neue Kommunikationskanäle und -Tools um ihrer selbst willen einzuführen. Viel wichtiger und nachhaltiger wäre ein Zugang von Prozessseite beziehungsweise aus dem Blickwinkel der Arbeits- und Kommunikationssituationen der Mitarbeiter. Was meine ich damit? Dass jedes noch so tolle, noch so hochgepriesene, die Effizienz um x Prozent steigernde Tool sich nicht rechnen wird, wenn man sich nicht überlegt, welche Prozesse denn optimiert werden müssen, welche Arbeitsweisen verbesserungsbedürftig und welche Kommunikationssituationen für die Mitarbeiter wenig zufriedenstellend sind. Wenn ich solche Effizienzfresser einmal identifiziert habe, dann kann ich mir als nächsten Schritt überlegen, mit welchem tollen, neuen Tool ich sie verbessere. Dann habe ich auch die Chance, dass der versprochene Effizienzgewinn gehoben und realisiert werden kann, weil die Mitarbeiter die Verbesserung tatsächlich spüren, weil sie tatsächlich erlebt werden kann. Nur dann wird das neue Tool auch genutzt werden und nicht in Kürze wieder im Tal der Vergessenheit verschwinden. Wer sich allerdings eine Analyse der Prozesse und Arbeitsweisen der Mitarbeiter sparen möchte und ein Werkzeug kauft, ohne geprüft zu haben, ob es für die jeweilige Situation überhaupt passt, geht mit Unternehmensgeldern höchst riskant um, und die Wahrscheinlichkeit, dass der Aufwand schlussendlich unter den sogenannten ‚Sunk Costs' zu verbuchen sein wird, ist mehr als hoch."

Unified Communications oder die Kunst, den richtigen Kommunikationskanal zu wählen

„Na gut, dann streichen wir diese Investitionen für die Zukunft. Das Controlling wird sicher erfreut sein, wenn wir einen Kostentreiber identifiziert und eliminiert haben", spielte Viktoria absichtlich den Advokaten des Teufels. Oskar Oberascher lächelte, als er ihre Absicht durchschaute. „Natürlich können wir so einen extremen Ansatz wählen. Aber wissen Sie, ich denke, die Mitarbeiter finden auf jeden Fall Mittel und Wege, um zu kommunizieren, auch wenn wir ihnen dafür kein Tool zur Verfügung stellen. Sie tun es dann einfach über Systeme und Werkzeuge, die sie vielleicht auch privat verwenden und die natürlich lange nicht den Sicherheitsanforderungen unserer Firma entsprechen. Daher empfehle ich ganz klar, dass wir hier die entsprechenden Plattformen zur Verfügung stellen, und zwar ganz einfach aus dem Grund, um Sicherheitslücken erst gar nicht zu öffnen. Und bedenken Sie die gesteigerte Schwierigkeitsstufe, die sich daraus ergibt, dass – und lassen Sie es mich jetzt absichtlich überspitzt formulieren – bald niemand mehr im Büro arbeiten wird, sondern dort, wo es ihm am besten gefällt, wo er am besten arbeiten kann und somit am produktivsten ist", blickte er ein kleines Stückchen in die Zukunft.

„Welche Plattformen sprechen Sie hier an?", hinterfragte die Geschäftsführerin seinen Vorschlag. „Unified Communications" nannte er es und erklärte, damit die Kommunikation über Mobiltelefonie, Festnetz, Fax, E-Mail, Social Collaboration etc., die mittlerweile zur Produktivitätsbremse ausgeartet war, wieder effizient und steuerbar zu machen. Hier sei ein besonderes Augenmerk auf die Usability zu legen, während die Technik in den Hintergrund treten sollte: Wo welcher Kanal und welches Gerät für Kommunikation genutzt werde, bleibe dem Anwender überlassen. Für die Umsetzung gäbe es mehrere technische Varianten.

„Wir haben mittlerweile so viel Wissen in unserem Unternehmen, dass wir es nicht mehr zentral verwalten können", fuhr Oskar fort. „Trotzdem müssen mehr Personen denn je darauf zugreifen können. Heutzutage braucht beispielsweise nicht mehr nur der Vertrieb detaillierte Informationen zu den Kunden, sondern auch viele andere Bereiche im Unternehmen. Mit solchen Plattformen könnten wir viel Potenzial zur Verbesserung der internen Kommunikation und der internen Arbeitsabläufe heben, die großteils noch recht unbekannt sind, wie etwa die Erreichbarkeit durch Presence-Informationen oder Wählen per Mouseclick. Vergleichen Sie doch nur die E-Mail- und Social-Media-Kommunikation. Bei Social Media sehe ich auf einen Blick, woran meine fünf Arbeitskollegen gerade arbeiten, was sie gerade tun. Dagegen müsste ich fünf Mails schreiben und dann auf die Antworten warten. Eine teilweise Substitution von E-Mail durch Social Collaboration beziehungsweise Enterprise Social Network und Chat als ergänzende Kommunikationskanäle hat bereits begonnen. Muss ich wirklich physisch im Meeting anwesend sein oder kann ich auch per Videotelefonie teilnehmen? Solange so ein Tool nur auf die Unternehmensgrenzen beschränkt ist, sehen wir es wahrscheinlich als sinnvoll oder als ‚nette Spielerei'. Sobald wir dieses Tool auch außerhalb der Unternehmensgrenzen anwenden, was in Zukunft definitiv passieren wird, prophezeie ich einen sofortigen Aufschrei." „Aber wir können doch nicht jedem Mitarbeiter die Möglichkeit geben, direkt mit Kunden, Partnern und Lieferanten zu kommunizieren, über eine Plattform, in der diese Kommunikation für alle anderen auch sichtbar ist", brachte die Geschäftsführerin den prophezeiten Aufschrei auf den Punkt. „Vielleicht muss nicht jeder Mitarbeiter über diese Berechtigung verfügen, aber viele werden sie mit Sicherheit haben", entgegnete der Organisationsleiter.

Der Einsatz von Unified Communications bedeute für den Einzelnen, den richtigen Ansprechpartner im Unternehmen für das jeweilige Anliegen optimal erreichen zu können. „Meinen Erfahrungen nach wäre das ein unglaublicher Gewinn für uns. Ich höre immer wieder, dass Mitarbeiter mit ihrer Arbeit deshalb in Verzug geraten, weil, wie sie das nennen, ‚sehr viel Zeit dafür draufgeht, zu versuchen, die richtige Person überhaupt zu erreichen'", sagte Oskar. Der Effizienzgewinn bestünde in der schnelleren Auffindbarkeit von Informationen und andererseits in der Wahl des richtigen Kanals für das jeweilige Thema mit dem relevanten Kollegen. Hätte man sich mit einem anderen Kollegen zum selben Thema ausgetauscht, wäre das vielleicht über einen anderen Kanal gegangen. Der Clou dahinter wäre der, sich genau zu überlegen, in welchem Prozessschritt man welche Informationen benötigt und wie Mitarbeiter darauf zugreifen können. „Oder anders gesagt", fuhr er fort, „wer braucht welches Tool in welcher Situation? Das bedeutet nicht nur eine Prozessverbesserung, sondern oft auch ein komplettes Neudesign. Und es erfordert auch Regeln für die neue Art der Zusammenarbeit. Nehmen Sie als Beispiel nur die Präsenzinformationen. Wenn es keine klaren Regeln gibt, wann man von ‚grün – bin erreichbar' auf ‚gelb – bin beschäftigt' oder ‚rot – bin nicht erreichbar' manuell umschalten soll, dann wird es Mitarbeiter geben, die wochenlang denselben Status haben, weil sie schlichtweg vergessen, ihn zu ändern. Oder solche, die ihn absichtlich nicht ändern, weil sie dadurch Anrufe und Störungen blockieren können. Was dann wieder die ganze Sache ad absurdum führen würde, weil man sich auf den Informationsgehalt der Präsenzinformationen nicht verlassen kann."

Braucht jeder Mitarbeiter einen Festnetzapparat?

Er war ganz vertieft in seine Ausführungen. Die Geschäftsführerin hörte ihm aufmerksam zu, als er vor ihr seine Gedanken ausbreitete, wie man überbordende Kommunikation reduzieren und verhindern könne. „Man müsste die Mitarbeiter anhand ihrer Mobilität clustern, so könnte man dann eine mitarbeitergerechte Arbeitsplatzausstattung ableiten …" „Wie bitte?" entfuhr es der Geschäftsführerin. „Was meinen Sie mit ‚nach Mobilität clustern' und mit ‚mitarbeitergerechter Arbeitsplatzausstattung'?"

„Bitte entschuldigen Sie, manchmal denke ich laut und vergesse, dass man mir dann oft nicht mehr folgen kann", sagte Oskar Oberascher lächelnd. „Es wäre sicher zielführend, wenn wir die Mitarbeiter anhand ihrer Mobilität, der Sicherheitsstufe der Informationen, mit denen die Mitarbeiter hantieren, und ihren Kommunikationsanforderungen in Kategorien einteilen würden. Je nachdem, wie mobil sie arbeiten, könnten wir erheben, welche Funktionalitäten, welche Kommunikationskanäle und welche Informationen sie für ihre Arbeit benötigen. Das wäre aus meiner Sicht ein guter Weg, um wirklich gezielt auf die Bedürfnisse der Kollegen einzugehen und die Arbeitsplatzausstattungen dementsprechend anzupassen. Wissen Sie, ich frage mich schon manchmal: Muss jeder von seinem Schreibtisch aus an Videokonferenzen teilnehmen können? Und brauchen wirklich alle Mitarbeiter noch einen Festnetzapparat? Auf jeden Einzelnen individuell einzugehen wäre sicher zu aufwändig, aber wenn wir so etwas wie „Personas" bilden, haben wir eine Chance, besser auf diese Gruppen und ihren Bedarf Bezug zu nehmen. Mit Personas meine ich Gruppen von Nutzern mit ausgeprägten Eigenschaften und einem konkreten Nutzungsverhalten. Wahrscheinlich ist das ein Prozess, der dauert, aber auf diese Weise könnten wir tatsächlich effizienter arbeiten und kommunizieren, was wohl auch für den Mitbewerb spürbar wäre", resümierte Oskar. Er überlegte weiter, dass allerdings noch ein weiterer Faktor einbezogen und erfüllt sein müsste. „Wir müssen aber nicht nur auf die tatsächlichen Bedürfnisse der Mitarbeiter eingehen, wir müssen auch die Usability der Tools, mit denen wir sie ausstatten, im Auge behalten, und wir müssen den Change des Kommunikationsverhaltens begleiten. Denn wenn wir den Mitarbeitern Tools zur Verfügung stellen, die ihnen in Wirklichkeit nicht helfen oder so kompliziert sind, dass sie mehr Aufwand als Nutzen darstellen, werden sie diese Tools über kurz oder lang ablehnen und einfach wieder zum alten System oder Prozess zurückkehren, oder sie nur halbherzig nutzen, was wiederum dazu führen würde, dass die Informationen darin nicht aktuell wären, was wiederum ein zusätzlicher Grund ist, etwas nicht zu nutzen. Ein System, das nicht zum jeweiligen Prozessschritt passt, nicht bedienerfreundlich ist, das Informationen enthält, die nicht aktuell sind – jeder würde das wohl ablehnen. Und wir hätten womöglich viel Geld dafür ausgegeben", beendete Oskar Oberascher seine Überlegungen.

Die Geschäftsführerin hatte nichts hinzuzufügen. Während seines Monologs hatte sie mehrmals das Gefühl gehabt, dass er so versunken in seinen Gedanken war, dass er tatsächlich vergessen hatte, dass sie im Raum war und sie ein Meeting hatten. Sie lächelte über so viel Konzentration. Er hatte es wirklich auf den Punkt gebracht. Ihr waren sofort wieder Beispiele eingefallen, wie etwa die Urlaubssoftware, die genau aus diesem Grund wieder in der Versenkung verschwunden war. „Wenn wir also die Mitarbeiter anhand ihres mobilen Arbeitens in Personengruppen einteilen, dann können wir für einige dieser Gruppen auch Tools zur Verfügung stellen, die andere wiederum nicht nutzen würden", fasste Viktoria zusammen. Die Idee gefiel ihr, und langsam nahm sie in ihrem Kopf immer mehr Form an. „Das reduziert natürlich unsere Kosten in der Anschaffung und verhindert vielleicht die, wie Sie es vorhin genannt haben, missbräuchliche und vor allem ineffiziente Verwendung anderer Kommunikationskanäle", schloss sie ihre Gedanken dazu ab.

Mehr und mehr Projekte

Für besonders wesentlich hielt Oskar Oberascher in diesem Zusammenhang auch die Zusammenarbeit in Projekten. Da die Anzahl an Projekten merklich anstieg und weiterhin im Steigen begriffen war, ergab sich nun die Herausforderung, eine Projektorganisation neben der klassischen Hierarchie im Unternehmen zu etablieren. „Welche Herausforderungen sehen Sie konkret?", forderte ihn die Geschäftsführerin auf. „Nehmen wir zum Beispiel unsere Linienorganisation, die Art und Weise, wie unser Unternehmen aufgebaut ist, mit all seinen Bereichen und Abteilungen. Da wir immer mehr mit Projekten konfrontiert sind, werden Mitarbeiter aus der Linie für solche Projekte abgestellt. Dies führt natürlich zu Problemen, wenn die Projekte nicht geplant waren und somit eigentlich kaum freie Ressourcen dafür zur Verfügung stehen. Aber selbst wenn das Projekt schon in einer Projektpipeline angekündigt worden ist, sehen wir uns Herausforderungen gegenüber. Und natürlich ergeben sich auch interessante Aspekte, wenn Projekt- und Linienorganisation aufeinandertreffen. An sich sollte es so sein, dass ein Projektleiter oder ein Projektauftraggeber mit einem Linienkollegen, und sei er auch Bereichsleiter oder eine Ebene höher, auf Augenhöhe reden kann. Wie Sie sich sicher vorstellen können, schaut das in der Realität anders aus."

Oskar Oberascher prophezeite, dass mit den neuen Themen, die auf Unternehmen zukamen, sich auch die Organisationsformen ändern würden. Er sprach von Projekt- und Matrixorganisationen, aber auch davon, neue Verantwortlichkeiten und Bereiche zu gründen und diese dann neben der bisher bestehenden Organisationsform zu führen. Neben den bereits genannten Herausforderungen, wäre es dabei wirklich gut zu klären, wie die Organisationsformen zusammenspielten, die Mitarbeiter in den unterschiedlichen Organisationen miteinander kommunizierten und welche Wertigkeiten die Bereiche im Unternehmen hatten. „Denn wenn nicht alle Bereiche und Organisationen gleichberechtigt in ihren Anliegen und Bedürfnissen sind, dann wird es zu einem Scheitern kommen", betonte er.

Besonders spannend würde es aber natürlich für die Mitarbeiter werden. Wenn sie rasch bei unterschiedlichen Projekten und Themengebieten eingesetzt würden, müsste ihnen selbstverständlich auch ein ebenso rascher Zugriff auf die relevanten Informationen gegeben werden. „Hier meine ich Laufwerke, Ordner, Plattformen. Alles, worauf zugegriffen werden muss. Und das gilt auf keinen Fall nur für die internen Mitarbeiter. Meiner Wahrnehmung nach ist es bereits jetzt erforderlich, auch Externen Zugriff auf Daten und Informationen zu geben. Wir werden in Zukunft nicht mehr nach ‚Internen' und ‚Externen', sondern nur mehr danach unterscheiden, ob eine Information für eine Person relevant ist oder nicht. Ebenso wird das Team immer wichtiger, da dort schließlich die Fachkompetenz liegt, während sich die Vorgesetzten immer mehr auf das Führen, Organisieren und Steuern konzentrieren werden müssen."

Vertrauen und Performance Management statt Kontrolle

„Aber betrachten wir das ganze Thema ‚Projekt' einmal von der Seite der Leistungsbeurteilung. Der Linienvorgesetzte stellt also einen Mitarbeiter für ein Projekt ab, der Mitarbeiter berichtet die Fortschritte und Ergebnisse jedoch an den jeweiligen Projektleiter, während am Ende des Jahres doch der Linienvorgesetzte die Leistung des Kollegen beurteilt. Wie gebe ich jemandem Ziele vor, der eigentlich gar nicht für mich arbeitet?", stellte Oskar eine weitere Frage in den Raum. Natürlich geht damit ein gewisser Kontrollverlust einher und es erfordert einen großen Vertrauensvorschuss seitens des Managements. Ich habe mit vielen Kollegen aus unserem und auch aus anderen Unternehmen über dieses Thema gesprochen, und fast alle erkennen und lehnen diesen Kontrollverlust ab, auch wenn es viele so niemals ausdrücken würden. Wenn man mit dem mittleren Management spricht, schaut die Sache schon etwas anders aus. Diese Manager, die in engem Kontakt mit den Mitarbeitern stehen, wissen, dass Mitarbeiter diese Art von Kontrolle nicht oder kaum mehr akzeptieren können. Das Gleiche betrifft die Mobilität. Die Leute wollen zu Hause arbeiten und akzeptieren nicht mehr, dass ein Vorgesetzter das verhindert, weil er so die Leistung des Mitarbeiters besser bewerten und natürlich auch kontrollieren kann. Im mittleren Management beginnt sich die Kultur bereits von einer Kontroll- hin zu einer Vertrauenskultur zu entwickeln, in der Performance Management Tools von enormer Wichtigkeit sind, da sie das Mittel zur Steuerung und Leistungsbeurteilung von Mitarbeitern sind. Hier gibt es auch bereits eine Sensibilisierung für die Bedürfnisse der Digital Natives. Im Topmanagement ist dieses Thema allerdings noch nicht ganz angekommen, und das führt zu einer unangenehmen Sandwichposition des mittleren Managements. Von unten fordern die Mitarbeiter Vertrauen und von oben verlangen die Vorgesetzten Kontrolle."

Oskar Oberascher gönnte sich eine kleine Atempause, um dann fortzufahren. „Als ich zu arbeiten begonnen habe, korrespondierte man sehr häufig gerade bei wichtigen Informationen noch postalisch. All diese Briefe wurden vom Vorgesetzten gelesen und freigegeben, bevor sie versendet wurden. Als dann plötzlich vermehrt via E-Mail kommuniziert wurde, gab es einen Aufschrei. Denn ab diesem Augenblick konnten Mitarbeiter direkt, ohne jede Freigabe, nach „draußen" kommunizieren. Man befürchtete einen Kontrollverlust und unangenehme Situationen. Das alles ist heute kein Thema mehr, es scheint lächerlich, dass wir damals so gedacht haben. Aber denselben Aufschrei gibt es auch jetzt wieder, wenn wir die Einführung von Social Media mit ihrer Einer-an-viele-Kommunikation andenken. Wer weiß, wahrscheinlich werden wir bald auch darüber lächeln."

Kundenbedürfnisse halten sich nicht an Unternehmensgrenzen

Oskar Oberascher sprach von „Unternehmenswolken" und davon, dass Kommunikation und Zusammenarbeit nicht mehr in geschlossenen Unternehmenssystemen stattfinden würden. Es würde nicht mehr von 9.00 bis 17.00 Uhr an einem vorbestimmten Platz gearbeitet, jeder – egal, ob angestellter Mitarbeiter oder Externer – könne arbeiten, wann und wo er wollte. Wichtig war nur, dass alle zu den relevanten Informationen gelangten.

„Und das bringt mich auch schon wieder zu den Prozessen", sagte er und bezog sich damit auf seine anfangs geäußerte Vermutung dahingehend, was sich in naher Zukunft alles ändern würde müssen. „Die Tatsache, dass vermehrt in Projekten zusammengearbeitet wird, die sich rasch zusammenfinden und sich ebenso rasch, wenn das Thema erledigt ist, wieder auflösen, in Konstrukten, in denen interne und externe Mitarbeiter gleichberechtigt etwas entwickeln und interagieren, bedeutet schlicht und ergreifend, dass die Projekte und die betroffenen Prozesse auch unternehmensübergreifend zusammenspielen müssen. Und zwar alle Prozesse, wenn es erforderlich ist. Aus allen Bereichen des Unternehmens." Zur Veranschaulichung schilderte er ein Beispiel aus dem Customer Service: „Denken wir an einen Kunden, der sich mit einem Problem an uns wendet. Dieses Problem wird vom Call Center Agent an einen externen Kollegen zur Bearbeitung weitergegeben – eine völlig legitime Vorgehensweise. Wenn wir allerdings die Prozesse dahinter nicht wirklich end-to-end betrachten, dann tun wir so, als hätten wir nicht die Gesamtverantwortung für den Kunden, so, als würden uns der Kunde und sein Problem nichts mehr angehen. Wenn wir diesen Prozess nicht bis zum Ende verfolgen können, wissen wir aber auch nicht, ob der Task erfolgreich erledigt wurde. Es wäre beinahe so, als würfe ein Call Center Agent eine Kundenanfrage über einen hohen blickdichten Zaun, in der Hoffnung, dass dahinter schon jemand steht, um das Thema aufzufangen. Wir müssen endlich anfangen, den Prozess, und zwar den gesamten Prozess, aus der Sicht des Kunden zu betrachten." „Oh ja", dachte Viktoria, „im Storytelling bist du wirklich eine Klasse für dich. „Diese Geschichten vergisst man definitiv nicht."

Oskar sprach davon, dass sich auch die Kommunikationsprozesse vom und hin zum Kunden ändern müssten. „Wir haben immer noch viel zu viele Me-

Kapitel 4: Organisation

dienbrüche in unseren Prozessen. Es gibt Fälle, wo der Kunde online ein Formular ausfüllt und es anschließend ausdrucken muss, um es zu unterschreiben. Dann scannt er es wieder ein und schickt es uns elektronisch. Als Kunde würde ich mich über so ein Vorgehen mehr als nur wundern. Und bald wird so etwas für ein renommiertes Unternehmen wie uns nicht mehr akzeptabel sein."

Viktoria blickte auf die Uhr. Es war 16.30 Uhr. Der Leiter von Organisation und Organisationsentwicklung war gegangen. Das Meeting war zu Ende. Ihre Notizen dazu lagen vor ihr auf dem Tisch.

● ●

TERMIN MIT ORGANISATION/ORGANISATIONENTWICKLUNG

➜ E-Mail: Falsche Verwendung führt zu extremen Effizienzverlusten. E-Mail-Reduktion um bis zu 50 Prozent zugunsten alternativer Kommunikationsmedien möglich

➜ Immer mehr Kommunikationskanäle führen zu Informationsflut – Risiko: Überforderung

➜ Anfangs immer prüfen, welche Arbeitsschritte verbessert werden sollen, dann erst Tools und Werkzeuge dafür einführen. Sonst Risiko von Sunk Costs, wenn keiner das Tool nutzt

➜ Kollaborationsplattform

➜ Unified Communication – Kommunikation effizient und steuerbar machen. Usability als wichtiger Aspekt! Schnelle Infosuche, schnelles Finden des richtigen Ansprechpartners

➜ Regeln für Zusammenarbeit bei Anwendung neuer Tools sind notwendig

➜ Mobilitätsanalyse/Personas definieren. Mitarbeiter einteilen nach Mobilität, Sicherheitsstufe der Informationen und Kommunikationsanforderungen. Daraus lässt sich Arbeitsplatzanforderung ableiten. Stichwort: Braucht wirklich jeder einen Festnetzapparat?

➜ Anzahl der Projekte stark im Steigen. Konflikte zwischen Linien- und Projektorganisation. Auswirkung auf Performance Management. Wie soll Linienvorgesetzter die Leistung beurteilen?

➜ Prozesse müssen end-to-end geführt werden. Für den Kunden sind Unternehmensgrenzen irrelevant

● ●

„Unser mittleres Management kann wirklich froh sein", dachte sie lächelnd. „Das Thema Mobilität und die neue Welt der Arbeit sind in unserem Unternehmen gut in der Chefetage angekommen." Sie klappte ihren Laptop zu, um weitere Überlegungen anhand ihrer Notizen zu diesem Thema zu Hause auf ihrer Terrasse vorzunehmen.

FACTBOX

50 Prozent der größeren Unternehmen werden bis 2016 Facebook-ähnliche soziale Netzwerke integriert haben. 30 Prozent davon werden so unentbehrlich sein wie heute E-Mail und Telefon.
Quelle: Gartner, Predicts 2013 „Social and Collaboration Go Deeper and Wider"

„The most important contribution management needs to make in the 21st century is similarly to increase the productivity of knowledge work and the knowledge worker."
Quelle: Peter F. Drucker, 1909–2005

Die größten Erwartungen an Unified-Communication-Lösungen werden in die verbesserte interne Zusammenarbeit (68 Prozent) und niedrigere Gesamtkosten (51 Prozent) gesetzt.
  Entsprechend den gemeinsam mit dem IMC Krems entwickelten fünf Mobilitätsgraden ergibt sich für Österreich über alle Branchen folgende Aufteilung: hochgradig extern mobil 24 Prozent; extern mobil 18 Prozent; hochgradig intern mobil 19 Prozent; nicht mobil kollaborativ 21 Prozent und mobil und kollaborativ 18 Prozent.
Quelle: HMP Unified Communications und New World of Work Studie 2013

Soziale Technologien verbessern Kommunikation und Kollaboration. Das könnte die Produktivität der Zusammenarbeit der Mitarbeiter um bis zu 20 bis 25 Prozent steigern.
Quelle: McKinsey Quarterly, „Capturing Business Value with Social Technologies", November 2012

42 Prozent sehen große Veränderungen durch Mobilität für ihr Unternehmen kommen. Die Mehrheit der Mitarbeiter von 63 Prozent der untersuchten Unternehmen arbeitet im Schnitt zwischen einem oder drei Tagen pro Woche mobil. Mit fast 40 Prozent sind die meisten Mitarbeiter bis zu drei Tage mobil im Einsatz.
Quelle: HMP Unified Communications und New World of Work Studie 2013

2015 wird ein Anwender im Durchschnitt 3,47 Geräte zum Arbeiten nutzen.
Quelle: Gartner 2013

Knowledge Worker verbringen 28 Stunden pro Woche damit, E-Mails zu schreiben, Informationen zu suchen und die interne Zusammenarbeit zu organisieren.
Quelle: McKinsey Global Institut 2012, „The Social Economy: Unlocking Value and Productivity through Social Technologies"

„Bei zwei Dritteln der Realisierungsprojekte von Social Collaboration ist der erste Ansprechpartner ein Fachbereich oder das Top-Management. Nur bei einem Fünftel dieser Projekte ist es die IT."
Quelle: PAC 2013, Social Collaboration

INTERVIEW
Georg Obermeier
Microsoft Österreich
CEO

Welche Rolle spielt Social Collaboration für die interne Kommunikation in der Zukunft?
Aussagen, wann was in der Zukunft passieren wird, sind schwierig. Bestimmte Dinge haben sich auf Basis gewisser Gegebenheiten jedoch immer durchgesetzt. Als ich begonnen habe zu arbeiten, gab es noch kein E-Mail. Kurze Zeit später hat

aber eine beinahe rasende Verbreitung stattgefunden. Die junge Generation, so wie mein Sohn, kommuniziert primär über Social Media Tools und empfindet E-Mail nicht mehr als Kommunikationsmittel. Daher wird es zu einer Verschiebung zugunsten dieser Tools kommen.

E-Mail ist insbesondere für schriftliche Mitteilungen und Dokumentation derselben gedacht, aber es ist eigentlich kein klassisches Kommunikationsmittel, wird allerdings oft als solches verwendet und damit eigentlich missbraucht. Instant Messaging kann praktisch sein, aber nach mehrmaligem Hin- und Herschreiben ist Telefonieren einfach effizienter. Die Kommunikationstools sollten je nach Bedarf zeitökonomisch richtig eingesetzt werden, dann können sie einem Unternehmen helfen. Somit muss jedes Unternehmen für sich eine unternehmensspezifische Etikette schaffen: Wie gehen wir miteinander um, welches Kommunikationsmittel nutzen wir wofür und wie nutzen wir es? Dies ist notwendig, da es viele unterschiedliche Kommunikationsmöglichkeiten für die Mitarbeiter gibt. Durch den falschen Einsatz von Kommunikationstools kommt es allerdings häufig zu Ineffizienz. Heute ist es aber definitiv noch nicht so, dass diese Etiketten etabliert sind.

Microsoft-Mitarbeiter haben nur noch ein Smartphone, ein Surface Tablet und ein Notebook. Klassische Telefonapparate haben sie nicht mehr und kommen im Grunde damit aus. Die Unternehmen sind bereit, sich zu überlegen, was der Mitarbeiter tatsächlich als Arbeitswerkzeuge benötigt, um seinem Job entsprechend nachkommen zu können, und sind bereit, Überflüssiges zu reduzieren. Mit der nächsten Generation verändern sich somit auch die Arbeitswerkzeuge. Junge Menschen kennen einfach keine Festnetztelefone mehr. Andererseits kann aktuell der Tablet den Laptop/PC in der operativen Ebene noch nicht ersetzen.

Wie sieht die Organisationsstruktur der Zukunft aus?
Wir haben viele Besucher in unserem neuen Büro, die sich Anregungen holen. Doch es muss sofort mitüberlegt werden, wie man die Kultur des Unternehmens mitverändert und welche Spielregeln nötig sind, um am Ende des Tages auch den wirtschaftlichen Output zu monitoren und zu gewährleisten. Vertrauen ist gut, Kontrolle ist jedoch notwendig. Die Freiheit, die man gibt, muss auch Regeln unterliegen. Microsoft kann hier interessante Beispiele dazu liefern.

Wahrscheinlich kann nicht jede Veränderung gleich im ganzen Unternehmen umgesetzt werden, aber man könnte teilweise im Management beginnen und vorleben und dann weiter ausrollen. Dem stehen aber viele Dinge noch im Wege, so beispielsweise das Arbeitszeitgesetz beziehungsweise die GPLA-Prüfungen der Krankenkassen und Finanzämter. Die Politik ist gefordert und müsste mit den Menschen in den Unternehmen reden, was sie wollen und nicht wollen. Unsere Mitarbeiter sind über das Management verärgert, weil wir sie zwingen müssen, Arbeitszeitaufzeichnungen zu führen, da ich als CEO sonst persönlich haftbar bin. Die Mitarbeiter wollen solche Regeln aber nicht, sie wollen arbeiten, wann sie wollen. Wir allerdings müssen ihnen vorschreiben, wie sie ihr Leben zu leben haben, mit dem Bild, dass man von 9.00 bis 17.00 Uhr arbeitet. Das ist in unserer Branche, wo man potenziellen Mitarbeitern etwas bieten muss, um die besten zu bekommen, kontraproduktiv. Die mangelnde Flexibilisierung verhindert viele Möglichkeiten.

Als möglichen ersten Schritt zur Umsetzung der neuen Welt des Arbeitens ist die Entwicklung eines Verhaltenskodex (Rules of Engagement) für die Kommunikation und Auswahl der Kommunikationsmittel, die eingesetzt werden.

INTERVIEW
Mag. Thomas Kralinger
Kurier und Mediaprint GmbH & Co KG
Geschäftsführer

Ist E-Mail das Kommunikationsinstrument der Zukunft?
Unter den sogenannten „modernen" Kommunikationsmitteln zählt die E-Mail mittlerweile als die am meisten genutzte Internetanwendung schon zu den „Klassikern". Das Arbeiten ohne diesen Kommunikationskanal ist für einen Großteil von uns undenkbar. Auch wenn eine verstärkte Verlagerung der Kommunikation in den Social-Media-Bereich bzw. digitale B-to-B-Netzwerke zu verzeichnen ist, bin ich davon überzeugt, dass die Nutzung der E-Mail weiterhin steigen und uns daher auch auf absehbare Zeit erhalten bleiben wird.

Der „gute Ton" und richtige Umgang mit diesem Medium sind allerdings aus meiner Sicht wichtiger denn je. Was mir persönlich auffällt ist, dass die Möglichkeit der raschen Kommunikation auch das Kommunikationsverhalten ändert! Als Unart betrachte ich es zum Beispiel, zu große Verteilergruppen zu adressieren oder die Anrede und den Name des Absenders wegzulassen. Derartig „saloppe" Kommunikation ist nur bei sehr guten Bekannten oder in einer raschen und direkten Anrede angebracht. Für mich ist es auch erstaunlich, dass oft nicht bedacht wird, dass ein großer Verteiler auch große Öffentlichkeit bedeutet und Aussagen getätigt werden, die man in einem persönlichen Gespräch vermutlich nur unter vier Augen machen würde. Durch die spontane und manchmal reflexartige Kommunikation werden oft Emotionen ausgelöst, die man mit einem gewissen Abstand betrachtet gar nicht hervorrufen wollte.

Menschliche Kommunikation setzt auf vielen Faktoren auf, wir verständigen uns mit den Händen, unserem Gesichtsausdruck, der Sprachfärbung und anderen Ausdrucksmitteln.

Die E-Mail kann nur einen bestimmten Teil dieser Verständigung abdecken. Komplexe Themen müssen daher aus meiner Sicht direkt und persönlich behandelt werden. Aus diesem Grund befürworte ich, Arbeitsräume offener und kommunikativer zu gestalten, um jenen persönlichen Kontakt im Team zu ermöglichen, der eine wichtige Voraussetzung für ein positives, soziales Klima im Unternehmen schafft.

Den Mitarbeitern des KURIER Medienhauses stehen für die interne Kommunikation zusätzlich zahlreiche digitale Kommunikations- bzw. Informationsplattformen zur Verfügung. In einem „kurier wiki" werden etwa wichtige Informationen der Redaktion gesammelt, für die offene Kommunikation gibt es eine interne Kurier-Facebook-Seite. Auch wenn viele Mitarbeiter die modernen Kommunikationsmittel privat nutzen, ist die berufliche Kommunikation klar zu differenzieren. Es ist die Aufgabe der Unternehmensführung und der direkten Vorgesetzten, hier klare Richtlinien zu definieren. Die neue Welt des Arbeitens muss eine Welt sein, in der sich die Mitarbeiter wohler als bisher fühlen.

Wie kann man Prozesse unternehmensübergreifend managen (Cluster, Kooperationen etc.)?
Wir sind ein Dienstleister, daher sind unsere Prozesse kundenzentriert. Wir haben etwa in der Produktion eine durchgängige Kette vom Redakteur über Druck und

Vertrieb bis zur Zustellung. Oder im Kundenkontakt zum Leser oder Anzeigenkunden vom Anzeigenverkäufer oder auch Call-Center-Mitarbeiter bis zum Abschluss der jeweiligen zugesagten Leistung. Die Prozesse müssen immer zentral aufgesetzt und durch konsequentes Qualitätsmanagement begleitet werden. Wichtig ist ein markenkonsistenter Auftritt und Glaubwürdigkeit in der Leistungserbringung.

Im Grunde ist es nicht wichtig, WAS wir produzieren, sondern ob wir den sich ständig wandelnden Bedürfnissen und Ansprüchen unserer LeserInnen, UserInnen und KundInnen entsprechen.

Die zunehmende Automatisierung führt zu völlig neuen Betrachtungsweisen und Möglichkeiten. Unternehmensübergreifende Prozesse sind schlank und straffen Abläufe. Der detaillierte Aufwand – aber auch Leerläufe – werden sichtbar. Ich sehe dabei immer zwei wesentliche Hürden, die es für den Erfolg unternehmensübergreifender Prozesse zu überwinden gilt: Auf der Managementebene die Sorge vor dem Kontrollverlust und auf der ausführenden Ebene die Sorge vor der „Ersetzbarkeit". Diese beiden Faktoren bremsen häufig die Umsetzung. Gelingen kann daher der Prozess nur, wenn alle Bedenken der Mitarbeiter aktiv und offen angesprochen und gemeinsam im Team gelöst werden.

• •

Customer Service

„Möchten Sie gerne Kaffee oder lieber Tee?", fragte die Geschäftsführerin. „Kaffee mit Milch, keinen Zucker", sagte Christine Sigmund, die Customer-Service-Leiterin zur Assistentin, die ebenfalls gerade in der Tür stand, um ein Detail mit der Geschäftsführerin abzustimmen. „So etwas kann ich nicht leiden", dachte Viktoria verstimmt. „Wenn jemand einfach annimmt, dass die Assistentin den Kaffee macht. Und dann auch noch, ohne ‚bitte' zu sagen." Bereits als Kind hatte sie nicht verstanden, weshalb ihre Mutter, die damals ebenfalls Assistentin gewesen war, Kaffee machen, anrichten und nach dem Meeting wieder abservieren musste. Ihre Mutter hatte ihr erklärt, dass das Teil ihres Jobs war und sie es gerne machte. Aber irgendwie konnte sie bereits damals nicht glauben, dass es Spaß machte, großen Meetingrunden Getränke zu servieren und vor allem danach das verbliebene Desaster wieder sauberzumachen.

Sie lächelte über ihren Ärger hinweg. „Kommen Sie. In meinem Büro steht die Kaffeemaschine und alles, was wir noch benötigen. Sie können wählen, welche Kaffeesorte Sie gerne möchten", lud sie Christine Sigmund ein, einzutreten. Es folgte ein peinliches Schweigen. Die CS-Leiterin hatte wohl gemerkt, dass die Geschäftsführerin sich ärgerte, sie wusste aber nicht, worüber, und hoffte insgeheim, dass das Gespräch besser verlaufen würde als sein Start.

Christine Sigmund öffnete ihren Laptop, schloss den Beamer an und begann mit der Präsentation der Lage im Customer-Service-Bereich. Sie referierte Mitarbeiterkennzahlen, Call-Center-Kennzahlen, wie viele Kundenanrufe angenommen wurden, in welcher Zeit sie angenommen wurden, wie lange die Anrufe dauerten.

Bereits nach kurzer Zeit wurde sie von der Geschäftsführerin unterbrochen. „Ich hoffe, ich habe mich in der Einladung im Meeting nicht missverständlich

ausgedrückt, aber hier geht es nicht um eine Leistungsschau Ihres Bereiches."
Die Art und Weise, wie die CS-Verantwortliche Viktoria ansah, zeigte, dass es
genau zu diesem Missverständnis gekommen war. „Wir haben einen immens
großen und wichtigen Auftrag verloren. Und den Kunden wahrscheinlich
auch. Einen Kunden, der seit vielen Jahren bei uns kauft, bei dem es nie wirklich Beschwerden oder gar Eskalationen gab", erklärte die Geschäftsführerin,
„zumindest keine, die bis zu mir durchgedrungen wären", fügte sie rasch hinzu. „Das war ein Auftrag, den wir eigentlich gar nicht verlieren konnten, und
doch haben wir ihn verloren", sagte sie bitter. „Unser vorrangigstes Ziel ist es
nun, herauszufinden, warum wir den Auftrag verloren haben, warum der
Kunde nach all den Jahren abgesprungen ist. Und nur damit es keine weiteren
Missverständnisse gibt: Ich suche hier weder Fehler noch einen Schuldigen.
Beides interessiert mich nicht. Was mich allerdings interessiert, ist, was wir
tun müssen, um die Schieflage, in die wir offensichtlich geraten sind, aus-
zugleichen. Wenn wir also hier nicht offen darüber sprechen, wo wir noch
Potenzial haben, wo wir vor Herausforderungen stehen, werden wir wohl
kaum Erfolg haben."

Moments of Truth – nicht nur der erste Eindruck zählt

Christine Sigmund sah sie an, ein leichter Zweifel lag in ihrem Blick. „Oje,
hoffentlich ist dieser Blick kein Hinweis auf die Fehlerkultur, die bei uns im
Haus herrscht", dachte die Geschäftsführerin. Nur langsam und stockend
kam das Gespräch in Gang. Viktoria erfuhr von der CS-Leiterin, dass es doch
immer wieder kleine Unzulänglichkeiten bei der Abwicklung der Anfragen
des Kunden gegeben hätte. Nichts, was groß eskaliert oder massiv aufgefallen
wäre. Aber jetzt, da sie gezielt danach gesucht hatte, konnte man doch eine
kleine Kette von Negativerlebnissen ausmachen, die im Laufe der Jahre passiert wären, wie Christine eingestehen musste.
   Sie sprach von „Moments of Truth" und erklärte Viktoria, dass damit Situationen gemeint wären, in denen der Kunde mit dem Unternehmen in Berüh-
rung kam. Diese Situationen entstünden entweder unmittelbar und direkt, bei-

spielsweise wenn der Kunde das Unternehmen anruft, oder mittelbar und indirekt, wenn der Kunde von anderen Informationen über das Unternehmen erhält, etwa in Internetforen oder Blogs. Fest stehe, dass es zwischen dem Kunden und dem Unternehmen viele Kontakte und Zusammenkünfte gegeben hatte, einige davon wichtiger und prägender als andere. Die Herausforderung läge nun darin, jene Ereignisse herauszufinden, die für den Kunden besonders wichtig waren, um dort in Zukunft eine Top-Performance an den Tag legen zu können. „Was jetzt nicht heißen soll, dass wir sonst schlecht performen", beeilte sich die CS-Leiterin hinzuzufügen. „Es bedeutet einfach nur, dass der Kunde schon das eine oder andere Ärgernis verzeiht, aber nicht in einem Moment of Truth. Da muss alles passen. Da muss die Performance herausragend sein. Da darf kein Fehler passieren. Wir wissen alle, dass negative Erlebnisse immer schwerer wiegen als positive, aber ein Negativerlebnis in einem dieser Moments of Truth vergiftet die Beziehung zum Kunden nachhaltig."

„Ich stelle mir vor, dass es nicht so leicht ist, diese Moments of Truth zu isolieren", wandte die Geschäftsführerin ein. „So ist es leider", gab Christine zu. „Obwohl manche natürlich auf der Hand liegen. Wie zum Beispiel der erste Termin, bei dem das Produkt in der Firma des Kunden installiert wird. Oder die erste Anfrage, mit der sich der Kunde nach dem Kauf an uns wendet. Aber abgesehen davon muss man den Kunden konstant beobachten, sein Verhalten analysieren und herausfinden, wie er mit uns in Kontakt tritt, wer mit uns in Kontakt tritt, welchen Kanal der Kunde gerne nutzen möchte und wie informiert er bereits ist. Natürlich muss auch das gekaufte Produkt im Auge behalten werden – ob Updates anstehen, wie viele weitere Aufträge der Kunde vergibt, wann die Garantie abläuft und vieles mehr. Bei alldem gilt es, dem Kunden zuvorzukommen. Bevor der Kunde eine Handlung setzen will, müssen wir sie setzen und den Kunden so positiv überraschen."

Die Formel für Kundenzufriedenheit

„Die Formel für Kundenzufriedenheit ist: Erlebtes minus Erwartetes entlang der Customer Journey. Was zur Folge hat, dass wir die Erwartungen unserer

Kunden im konkreten Geschäftsfall kennen müssen. Wir haben nämlich festgestellt, dass es große Unterschiede in der Erwartungshaltung gibt, je nachdem, um welchen Geschäftsfall es sich handelt. Es macht einen enormen Unterschied, ob es sich um einen Erstkauf, eine Reparatur oder eine Erweiterung oder Aufrüstung handelt."

„Aus meiner Sicht kommt dem Bereich Customer Service in Zukunft eine immer größere Bedeutung zu", fuhr die CS-Leiterin fort. „Und das sage ich nicht, weil es der Bereich ist, den ich verantworte", sie lächelte, „ich sage es nicht *nur* deshalb. Entscheidend ist, dass es immer schwieriger wird, sich rein über Produkte zu differenzieren", erklärte sie, da der Mitbewerb durch die Transparenz im Internet sehr rasch alles nachbauen könne, was man selber gerade entwickelt hätte. Auch eine Differenzierung über den Preis sei kaum noch möglich. „Vor allem, wenn man, wie in unserem Fall, gegen Mitbewerber aus Asien antreten muss", stellte Christine Sigmund zähneknirschend fest. Es gibt aber sehr wohl eine Möglichkeit, sich zu differenzieren, sagte sie, und zwar über den Kundenservice. „Wenn Sie als Kunde wissen, dass Unternehmen A zwar billiger ist als Unternehmen B, aber – etwas überspitzt formuliert – Sie nach dem Kauf mit Ihren Anliegen alleine gelassen werden oder man nicht auf Ihre Bedürfnisse eingeht, werden Sie sich gut überlegen, welchem Unternehmen Sie den Zuschlag geben."

Der Plan von Frau Sigmund war es, von der Transparenz, die das Internet bot, mehr zu profitieren. Heute wurde jedes Produkt mehr oder minder im Internet diskutiert. Die Frage war, wie sie es schaffen konnten, sich im Internet gezielt mit den Themen Kundenservice und Flexibilität zu positionieren.

Der Kunde bestimmt die Prozesse, nicht das Unternehmen

Die CS-Leiterin schilderte ein Beispiel: „Ein großes Projekt, das vor kurzem gestartet wurde, beschäftigte sich damit, die Prozesse im Customer Service nach Customer Experience Design zu gestalten. In einem ersten Schritt wurden die Mitarbeiter angewiesen, die Kundensicht einzunehmen, was durchaus eine Herausforderung war. Dann wurden die Prozesse dahingehend überarbeitet. Es wurden Mystery Acts bei Mitbewerbern, aber auch in komplett branchenfremden Unternehmen durchgeführt, um dort von den eingesetzten Prozessen und Erlebnissen zu lernen. Alle Erkenntnisse wurden gesammelt und die Prozesse dahingehend angepasst. In einem zweiten Schritt wurden die bestehenden Kunden aufgefordert, ihr Feedback abzugeben, wie die neu gestalteten Prozesse aus ihrer Sicht abliefen und wo es Verbesserungsbedarf gab. Auch diese Anpassungen wurden vorgenommen. Die Prozesse wurden folglich so gestaltet, dass sie dem Kunden dienten und nicht in erster Linie dem Unternehmen. Während die Prozesse früher um die Abteilungen und deren Arbeitsweise quasi ‚herumgebaut‘ wurden, galt es nun, dem Kundenwunsch zu entsprechen, und nicht den Strukturen der Firma. Durch ein solches Co-Design, ein gemeinsames Arbeiten an Prozessen, können wir Wertschätzung erzeugen, und diese wiederum verstärkt die Kundenbindung an uns“, lächelte Christine erfreut. „Besonders wichtig ist dabei, dass die meisten Serviceideen von den Mitarbeitern selber kommen. Es muss durchaus gefördert werden, diese zu entdecken. Außerdem haben wir die Möglichkeit, die Prozesse so zu gestalten, dass wir unseren Kunden helfen, bei ihren Kunden besser zu sein, was den Kunden nochmal stärker an uns bindet. Denn wenn *wir* so arbeiten, dass *er* bei seinen Kunden besser dasteht oder schneller liefern kann, wird ihn kein Preisvorteil so schnell von uns weglocken.“ Sie erzählte der Geschäftsführerin weitere Details über das Projekt und freute sich, berichten zu können, dass dabei auch Situationen identifiziert und geändert werden konnten, in denen sich der Kunde Informationen vom Unternehmen gewünscht hätte, aber keine erhalten hatte. Zum Beispiel während eines speziellen Reparaturprozesses, in dem der Kunde, nachdem er die Schadensmeldung abgegeben hatte, bis zur Gutmeldung wochenlang keinerlei Statusmeldung vom Unternehmen erhalten hatte. „Im Rahmen dieses Projektes wurde offenbar, dass sich Kunden hier mehr Einbindung wünschten und mit durchaus rudimentären Stati wie ‚in Reparatur‘, ‚in Auslieferung‘ oder ‚versandbereit‘ völlig zufrieden wären.“

Christine Sigmund betonte, wie enorm wichtig es sei, die Customer Experience zu managen, um die Kunden zu binden, Empfehlungen zu erhalten, aber auch, um interne Ressourcen gezielt einzusetzen. „Customer Experience ist die gesamte Interaktion des Kunden mit unserem Unternehmen, alle Eindrücke, Erfolge, Erlebnisse, die der Kunde bekommt", sagte sie.

Sie erzählte auch, wie schwierig es teilweise für die Mitarbeiter im Unternehmen sei, ihrer Rolle und dem Tagesgeschäft zu entschlüpfen und „die Kundenbrille" aufzusetzen, wie sie das nannte. Ein weiteres Ziel sei es, die Kosten der einzelnen Kanäle genau zu kennen und im Auge zu behalten. „Deshalb haben wir auch ein Benchmarking unserer Call-Center-Kosten durchgeführt", erläuterte die CS-Bereichsleiterin. Das bedeutete auch, genau zu hinterfragen, welche Informationen an welchem Touchpoint erforderlich seien. Dazu müsse man die Kundenerwartung an den jeweiligen Kanal kennen, also wissen, welche Handlungen der Kunde an welchem Kanal setzen und welche Informationen er finden wolle, anstatt einfach alles nach dem Gießkannenprinzip auf alle Kanäle auszurollen. „Im Endeffekt muss es unser Ziel sein, an allen Touchpoints stimmig zu erscheinen und aufzutreten, anstatt jeden Service und jede Leistung überall anzubieten", sagte sie.

Zahlreiche Kommunikationskanäle für den Kunden managen

Die Herausforderung liege darin, viele unterschiedliche Kanäle gleichzeitig zu managen und in der erfolgreichen Kombination von bestehenden Kanälen und Regeln mit neuen Kanälen. Es galt, gut zu überlegen, welche Kanäle überhaupt zum Unternehmen und auch zum versprochenen Service passten. „Wir hinterfragen zum Beispiel auch, ob wir Social Media als Kanal überhaupt anbieten wollen. Wenn wir etwas, das wir nicht halten können, weil es in unserem Unternehmen nicht möglich ist, wie etwa eine 7x24-Betreuung, trotzdem in unser Servicekonzept aufnehmen, kann das mehr als schiefgehen", sagte Christine. In einer sequenziell laufenden Phase des Projektes ginge es darum, herauszufinden, mit welchen technischen Gegebenheiten und Tools, die neu zu bauenden Prozesse bestmöglich unterstützt werden können. Wo der Einsatz von neuer Soft- und Hardware Prozesse noch weiter beflügeln, im Sinne von schneller, effizienter und kundenfreundlicher machen konnte.

„Wobei es hier ganz wichtig ist, dass wir das Ganze von der Kunden- und Prozessseite her starten und nicht von Technologieseite", betonte die CS-Leiterin und fügte sofort erklärend hinzu, dass ein ausschließlicher Zugang von Technologieseite kaum in der Lage wäre, das Potenzial, das in den Prozessen liegt, zu heben. „Sogar das Gegenteil könnte der Fall sein: nämlich dass wir komplett scheitern. Wenn wir die Unternehmenskultur und die Art und Weise, wie wir arbeiten – die Prozesse also – außer Acht lassen und einfach ‚ein neues Tool' einführen, dann …" „… ist die Wahrscheinlichkeit sehr groß, dass dieses Tool nicht unserer Arbeitsweise entspricht und von den Mitarbeitern als nicht zweckdienlich abgelehnt werden wird", führte Viktoria den Satz zu Ende. Das Beispiel mit der Urlaubssoftware, von dem Helene Rauscher, die HR-Verantwortliche, erzählt hatte, war ihr noch gut in Erinnerung.

Beide sahen sich an. Die Stimmung hatte sich im Vergleich zu Beginn des Meetings deutlich verbessert. Die CS-Verantwortliche warf einen kurzen Blick auf ihre Uhr und setzte dann ihre Ausführungen fort. Im Zuge des Customer-Experience-Projektes sei man durch die Einnahme der Kundensicht auf den durchaus peinlichen Umstand gestoßen, dass das Unternehmen auf den verschiedenen Touchpoints, also jenen Punkten, an denen der Kunde mit der Firma in Kontakt trat, Informationen nach außen kommunizierte, die sich sowohl inhaltlich als auch qualitativ unterschieden. „Wie bitte?", hakte die Geschäftsführerin nach. „Wenn uns jemand telefonisch kontaktiert, dann bekommt der Kunde andere Informationen, als er sie im Internet findet?" „Andere Informationen, aber auch eine andere Qualität. Offenbar hängt das davon ab, über welchen Kanal er in Verbindung tritt. Die Folge ist natürlich ein massiver Vertrauensverlust, der Kunde glaubt uns nicht mehr", antwortete Christine. Sie schilderte, dass die Anliegen teilweise hochkomplex waren und die Mitarbeiter, die die Anfrage aufnahmen, in vielen Fällen nicht Bescheid wussten und sich an andere Experten im Unternehmen wenden mussten. Experten, die sie großteils nicht kannten und zu denen sie sich oft mühsam durchfragen mussten. Und kannten sie sie doch, wussten sie nicht, ob sie verfügbar waren oder nicht. Es verging viel unnötige Zeit, in der versucht wurde, diese Experten zu kontaktieren. Im schlimmsten Fall vergingen viele Tage, bis der Kunde eine Antwort bekam. „Eine Kombination, die Kunden heutzutage gar nicht mehr verzeihen: mit jemandem in Kontakt zu stehen, der nicht Bescheid weiß, und dann auch noch tagelang auf die Antwort warten müssen. Wobei das Problem nicht innerhalb eines Kanals zu finden war, sondern vielmehr über alle Kanäle hinweg. Oft kommt dann hinzu, dass die Lösung des Kundenanliegens viel zu lange dauert. Es kommt auch vor, dass wir Termine nicht einhalten. All das ist sehr unangenehm. Und es passiert bei diversen Kunden und ist natürlich auch bei jenem, den wir jetzt gerade verloren haben, passiert. Wir sind definitiv angehalten, unsere Kriterien, nach denen wir bislang die Erfolgsmessung betrieben haben, zu ändern, denn scheinbar haben sie ihre Gültigkeit verloren", musste Christine Sigmund eingestehen.

„Schön langsam müssen wir ja froh sein, dass der Kunde nicht schon viel früher gegangen ist, bei dieser Performance", dachte die Geschäftsführerin entsetzt. Aufgrund der Brisanz des Themas wurde bereits ein neuer Projektstream eröffnet, der das Thema Touchpoints bearbeitete, erklärte die CS-Leiterin. „Das Ziel des Projektes ist es, die fragmentierten Kontaktpunkte zu analysieren, zu strukturieren und konsistent aufzubauen. Hier erwarten wir Ende des Monats erste Erfolge", schloss Christine ab.

Wie Kunden mit Unternehmen kommunizieren

Die Geschäftsführerin konfrontierte sie mit dem nächsten Thema. „Wir haben ja vor nicht allzu langer Zeit unsere Strategie geändert – weg vom reinen B2B-Geschäftsfeld und hin zu einer direkten Ansprache der Endkunden. Wir wenden uns also nun auch direkt an die Kunden unserer Kunden, um dort eine verstärkte Nachfrage nach unseren Produkten zu erzeugen. Welche Veränderungen haben Sie hier wahrgenommen? Hat unser strategischer Vorstoß gewirkt?", insistierte Viktoria. „Nun ja, einerseits sind natürlich die Anliegen anderer Natur, aber wir haben schon Veränderungen festgestellt. Ob die allerdings auf unsere B2C-Kontakte zurückzuführen sind, darüber kann ich nur mutmaßen", antwortete die CS-Expertin.

Festgestellt wurden deutliche Unterschiede in der bevorzugten Kommunikation in Abhängigkeit von der Kundengröße und der Kanalpräferenz des Kunden. „Es gibt immer noch Kunden, die uns nur telefonisch kontaktieren.

Es gibt aber auch sehr viele Kunden, die uns telefonisch nur dann kontaktieren, wenn es gerade ihrer aktuellen Situation entspricht. In allen anderen Fällen wählen sie einen anderen Kanal, um mit uns in Kontakt zu treten. Wir nennen sie Multikanal-User. Diese Multikanal-User waren es auch, die uns auf die inkonsistenten Informationen an den verschiedenen Touchpoints aufmerksam gemacht haben. Sie haben uns auch gezeigt, dass es nicht ausreicht, zum Beispiel im Falle einer telefonischen Kontaktaufnahme einfach nur rasch abzuheben, sondern dass der Kunde auch erwartet, dass sein Anliegen rasch gelöst wird. Und das natürlich auf allen verfügbaren Kanälen."

Social Monitoring – der Pressespiegel des Internets

Durch das Internet waren die Kunden um ein vielfaches informierter, wissender und somit auch fordernder als früher. Sie erwarteten sich eine Auskunft auf Augenhöhe, einen Sparringspartner, mit dem man Punkte besprechen konnte. Sie waren vernetzt und tauschten sich laufend mit anderen über Produkte und Unternehmen aus. Ganz besonders die Endkunden waren hier sehr aktiv. „Deshalb haben wir uns auch entschieden, ein Social Monitoring in Auftrag zu geben", so Christine Sigmund. „Das müssen Sie mir bitte erklären", bat die Geschäftsführerin.

„Bei Social Monitoring werden alle Beiträge und Dialoge in Social Media wie Blogs, Foren, Facebook, Social Communities und so weiter systematisch erfasst und analysiert. Das Internet ist voll von solchen Plattformen. Kunden und solche, die es vielleicht bald sein werden, tauschen sich dort rege aus. Die Meinung anderer ist bei der Kaufentscheidung ein signifikanter Treiber. Über Social Monitoring erhalten wir einen schnellen Überblick über Meinungen und Themen, die im Social Web über uns und unsere Konkurrenten kursieren. Diese Analyse läuft kontinuierlich, um Stimmungen erkennen zu können, was mit einer einmaligen Auswertung kaum möglich wäre. Unsere interne Kommunikation sammelt und erfasst im Pressespiegel alle Beiträge und Meinungen über uns in den Printmedien. Wir waren allerdings völlig blind gegenüber den Bewegungen im Internet. In Zeiten, in denen wir uns rein auf

B2B fokussierten, war der Pressespiegel sicherlich ausreichend. Aber nun interessiert uns auch die Meinung der Endkunden, und die findet sich sehr stark im Social Web. Wenn Sie so wollen, dann ist unser Social Monitoring der Pressespiegel des Internets."

Man musste also einerseits die inkonsistenten Kommunikationskanäle „geradeziehen", mit starkem Fokus auf den Wunsch des Kunden, und andererseits die Einträge im Internet im Auge behalten, was zu den Produkten und zum Unternehmen gerade so in Umlauf war. „Und mit unserem Customer-Experience-Projekt sind wir auf dem richtigen Weg, deshalb hat dieses Thema auch absolute Priorität. Die Frage des Umgangs mit den neuen Kommunikationskanälen und Themen wie Social Media wird sich daraus als unmittelbare Konsequenz ergeben. Denn das Festhalten an altgewohnten Kommunikationsstrukturen ist eine – verzeihen Sie, wenn ich das etwas salopp ausdrücke – Fahrkarte ins Verderben. Der Misserfolg ist garantiert. Nicht mehr wir geben an, wie Kunden mit uns in Kontakt treten können, nein, in gewissen Fällen fordern die Kunden, diktieren sie beinahe die Kanäle, die sie für ihre Anfragen nutzen möchten und die Informationen und möglichen Handlungen, die sie dort erwarten. Heutzutage will niemand mehr seitenlange Manuals in Schriftgröße 7 durchlesen. Die Kunden erwarten zum Beispiel einen Link zu eigens produzierten YouTube-Videos. Je stärker die Einbindung des Kunden ist, desto stärker binden wir ihn an uns. Ein Aspekt, der besonders für unser Marketing von größter Bedeutung sein dürfte. Denn eine engere Einbindung des Kunden, Partizipation, schnellere und direktere Kommunikation sowie 24/7-Interaktion entwickeln sich zu wesentlichen Anforderungen in Zeiten, in denen eine Differenzierung über die Qualität oder den Preis kaum mehr möglich ist. Ich habe am Freitag dazu einen Termin mit dem Kollegen, um ihm unsere Learnings und Ergebnisse vorzustellen," sagte Christine Sigmund und seufzte. Anforderungen wie 24/7-Interaktion mit dem Kunden erhöhten natürlich auch den Kostendruck massiv und man war ständig auf der Suche nach billigeren Kanälen oder nach Möglichkeiten, bestehende Kanäle effizienter zu machen.

Der technische Außendienst als direkter Draht zum Kunden

Doch es gab noch weitere Themen zu besprechen. Der Field Service, also das Team der Außendiensttechniker, galt als besonders schwieriger und kostenintensiver Posten. Umso erfreulicher war es aus Sicht von Christine Sigmund, dass hier nun an konkreten Lösungen zur Effizienzsteigerung gearbeitet werden konnte. Durch Unified Communication sei es möglich, die Routen der Kollegen im Außendienst zu optimieren. Der Dispatcher wüsste nun genau, wo sich der Techniker gerade befand, und konnte – im Falle einer dringenden Anfrage – die Route des Technikers noch während desselben Tages optimieren oder auch den Techniker auf seinem Heimweg noch bei einem Kunden vorbeischicken. Etwas, was sonst erst tags darauf möglich gewesen war, wenn die neue Route geplant wurde.

„Die Kollegen im Außendienst wurden mit Tablet Devices ausgestattet, wodurch sie die Aufträge einfacher administrieren können, was ihren Zeitaufwand bedeutend senkt und es ermöglicht, dass sie schneller neue Aufträge annehmen können. Ein klarer Effizienzgewinn also", erklärte die CS-Leiterin stolz. Über die Tablet-PCs und die neu eingeblendete Präsenzinformationen könnten die Außendiensttechniker im Falle von komplizierten Fällen oder Störungen leichter Fachexperten zurate ziehen. Sie sahen, welcher der zuständigen Kollegen im Innendienst gerade verfügbar war, und kontaktierten ihn, sendeten oftmals auch Fotos des Anliegens ins Unternehmen, damit der Experte das Problem konkret sehen konnte.

„Beim Kunden kommt so ein Auftritt natürlich sehr gut an. Einerseits wirken unsere Leute dadurch hochprofessionell und andererseits ersparen wir uns und dem Kunden oft einen zweiten Termin, weil sich die Rückfrage beim Experten sofort abwickeln lässt, noch während der Techniker beim Kunden ist. Diese Terminersparnis ist selbstverständlich auch für uns ein massiver Effizienzgewinn", sagte die CS-Verantwortliche.

„Woher wissen die Außendiensttechniker, welchen Fachexperten sie für das aktuelle Kundenanliegen kontaktieren müssen? Hier kommen doch sicherlich sehr viele Personen infrage?", interessierte sich Viktoria. „Da haben wir eine relativ simple Lösung. Wir haben alle Fähigkeiten und Skills unserer

Fachexperten in eine zentrale Plattform eingetragen. Der Techniker vor Ort loggt sich mit seinem Device in diese Plattform ein, fragt den erforderlichen Skill ab und sieht neben dem Namen auch gleich den Erreichbarkeitsstatus, also die Präsenzinformation des Kollegen. Das ist einfach, aber sehr effizient. Wir arbeiten bereits an einer Erweiterung, um diese Informationen allen Mitarbeitern zur Verfügung zu stellen, die im Customer Service direkt mit Kundenanliegen zu tun haben. Wenn wir auf diese Weise die Zeit auch nur halbieren können, die der Kunde derzeit auf einen Rückruf beziehungsweise eine Antwortmail wartet oder in der Warteschleife hängt, haben wir schon großartige Erfolge erzielt. Und die Möglichkeiten sind noch lange nicht vollständig ausgeschöpft. Denken Sie nur an Kundenschulungen, die online mittels Videokonferenz durchgeführt werden, oder erste Fehlerbehebungen, die mit solchen Videolösungen gemeinsam mit dem Kunden erstellt werden können! Wir könnten etwa die Reisezeiten massiv reduzieren, indem wir vermehrt Videokonferenzen einsetzen."

Kundenservice als Möglichkeit zur Differenzierung

Die Geschäftsführerin hörte der CS-Expertin gespannt zu. Sie war zum einen sehr angetan von dem, was sie da hörte, welche Potenziale und welche Möglichkeiten in Customer Service gerade gehoben wurden. Zum anderen war sie fasziniert von der Begeisterung, die Christine Sigmund ergriffen hatte. „Wie anders sie jetzt spricht im Vergleich zum Beginn des Meetings. Nichts ist mehr zu spüren von ihrer ursprünglichen Angespanntheit", dachte sie. Doch trotz der erfolgsversprechenden Verbesserungen, an denen bereits gearbeitet wurde, war sie beunruhigt, welchen Erlebnissen man als Kunde ausgesetzt war, wenn man sich mit einem Anliegen an das Unternehmen wandte.

Bevor sie das Meeting beendete, verlangte sie ein wöchentliches persönliches Update von der CS-Verantwortlichen. Sie wollte ihr Augenmerk zukünftig stärker auf diesen Bereich legen und auch die anderen Bereiche viel stärker einbinden – speziell Marketing und Sales ebenso wie Customer Service im Sinne der Customer Experience. Als das Meeting zu Ende war, ging sie noch einmal ihre Notizen dazu durch.

● ●

TERMIN MIT CUSTOMER SERVICE

➜ Moments of Truth prägen das Bild des Unternehmens im Kopf des Kunden
➜ Kundenzufriedenheit = Erlebtes minus Erwartetes entlang der Customer Journey
➜ Customer Experience umfasst Service und Marketing jedes Kundenkontaktes
➜ Kundenservice wird immer wichtiger als Differenzierungsmerkmal; Produkte und Preis sind leichter zu duplizieren
➜ Projekt: Customer Experience Design. Prozesse werden aus Kundensicht dargestellt und danach mit tatsächlichen Kunden simuliert. Mystery Acts werden bei anderen Unternehmen durchgeführt, um zu lernen
➜ Multichannelmanagement
  – Die Informationen an die Kunden sind nicht über alle Kanäle hinweg konsistent. Projekt liefert erste Ergebnisse Ende des Monats
  – Versprochene Leistung muss auch geliefert werden. Wenn das nicht möglich ist, sollte man erwägen, den Kanal zu schließen bzw. gar nicht zu öffnen
➜ Social Media/Social Monitoring sind der „Pressespiegel des Internets"
➜ Technischer Außendienst
  – Mithilfe von Unified Communications wurden die Wegstrecken und Routen optimiert und Fachexperten bei schwierigen Themen vor Ort einbezogen → klarer Effizienzgewinn
  – Einsatz von Tablet-PCs: leichtere Administration der Aufträge

● ●

Der für Viktoria wichtigste Satz des gesamten Termins war, dass exzellenter Kundenservice die Zukunft und somit der alleinige Schlüssel zur Differenzierung vom Mitbewerb war, deshalb hob sie diesen Punkt in ihren Notizen besonders hervor.

FACTBOX

„Die Kunden werden anspruchsvoller und geben sich immer seltener mit Standardantworten zufrieden", bestätigen 88 Prozent bzw. 84 Prozent der Befragten.
Quelle: PAC & Damovo, „Contact Center in die Offensive! So machen Sie Ihren Kundenservice fit für die Champions League", 06/2013

„91 Prozent der befragten Teilnehmer sehen den Kundenservice gar als Differenzierungsfaktor im gesättigten Marktumfeld."
Quelle: Detecon Consulting, Kundenservice der Zukunft. Mit Social Media und Self Service zur neuen Autonomie des Kunden 2010

„The impact of empowered customers is the top pressure challenging 54 Prozent of business. This reflects a 46 percent year- over year increase (2012: 37 Prozent vs 2013: 54 Prozent) in the percentage of companies struggling with the effects of empowered customers in 2012 vs. 2013."
Quelle: Aberdeen Survey 2013 CEM Trends

„Die Nutzung Social Networks in der externen Kommunikation pendeln sich nun bei rund 23 Prozent ein."
Quelle: HMP Unified Communictions und New World of Work Studie 2013

„Die Bedeutung von modernen Medien im Kundenkontakt im Contact Center wird vielfach erkannt. 40 Prozent der Befragten unterstützen öffentliche soziale Netzwerke, 34 Prozent Chat und 10 Prozent Videotelefonie."
Quelle: PAC & Damovo, „Contact Center in die Offensive! So machen Sie Ihren Kundenservice fit für die Champions League", 06/2013

„Der Einsatz von UC im Bereich Customer Care & Support wird von 72 Prozent als besonders sinnvoll bewertet."
Quelle: HMP Unified Communictions und New World of Work Studie 2013

„86 percent of buyers will pay more for better customer experience."
Quelle: CEI Survey, Forbes Magazine 01/2013

INTERVIEW
Willibald Cernko
Bank Austria AG
Vorstandsvorsitzender

Wie schaut das Betreuungsmodell der Zukunft im Bankensektor aus?
Das Kundenverhalten und die Kundenbedürfnisse haben sich in wenigen Jahren deutlich gewandelt, und das wirkt sich schon heute ganz erheblich auf das Bankgeschäft aus. Die junge Generation ist mit PC, Handy, Internet und Social-Media-Plattformen wie Facebook groß geworden. Gleichzeitig nutzen auch immer mehr ältere Menschen mobile und Online-Services. Beide Gruppen schätzen den Komfort, nicht mehr für jede umfassende Beratung eine Filiale aufsuchen zu müssen.

Die vergangenen Jahre haben gezeigt, dass immer weniger Kunden Beratung in den Filialen nutzen. Gleichzeitig werden die Bankgeschäfte des täglichen Bedarfs zunehmend via Online oder Mobile Banking bzw. in den Selbstbedienungszonen erledigt.

Wir richten unser Betreuungsangebot der Zukunft daher konsequent an den Bedürfnissen unserer Kunden aus, ganz nach dem Motto „Wir sind dort, wo unsere Kunden sind". Ein zentrales Ziel unseres großen Innovations- und Investitionsprogramms „SmartBanking Solutions" lautet daher: Unsere Kunden sollen selbst wählen können, wie sie mit uns in Kontakt treten – ob über unser Filialnetz oder online, über Videotelefonie oder unsere mobilen Services.

Nicht zuletzt ist unser neues Betreuungsmodell auch eine Antwort auf die strategische Frage, wer eigentlich die relevantesten Wettbewerber klassischer Geschäftsbanken sind. Aus meiner Sicht werden etwa Direktbanken schon in naher Zukunft eine eher untergeordnete Rolle spielen, während andere Player stärker in den Vordergrund rücken: Globale Online-Händler wie Amazon oder Internetgiganten wie Google werden dank ihres engen Kundenkontakts auch in Bereichen wie Zahlungsverkehr, Kredit und Gutschriften eine immer wichtigere Rolle spielen. Als in Österreich tief verwurzelte Bank stellen wir uns dieser globalen Herausforderung und bieten unseren Kunden ein zukunftsweisendes Angebot mit Schwerpunkt auf persönlicher Beratung – und zwar sowohl in unseren Filialen als auch in der Online-Welt.

Welche Rolle spielt in Zukunft noch das Filialgeschäft?

Die „Bank der Zukunft" setzt auf ein flexibles Filialkonzept und auf ein intelligentes Miteinander von klassischer und „virtueller" Filiale. Allerdings entscheidet – wie erwähnt – immer der Kunde selbst, wie er mit der Bank in Kontakt tritt. Konkret bedeutet das, dass wir unseren Kunden einen ausgewogenen Angebotsmix bieten wollen und zu einer modernen Multikanal-Bank werden: Österreichweit bauen wir rund 20 neue Beratungszentren mit 50 und mehr Betreuerinnen und Betreuern auf – ein Beratungszentrum in jedem Bundesland und zwölf bis 15 Standorte in Wien. Das Beratungszentrum bietet eine umfassende Palette von Bankdienstleistungen für alle Kundengruppen, also Privat- und Firmenkunden sowie Private Banking. Die klassischen Filialen sind die Drehscheibe für alle Kundenbedürfnisse und ergänzen zudem das Angebot in der „virtuellen Filiale". Selbstbedienungsfilialen als hocheffiziente Bankstandorte auf dem neuesten Stand der Technik sind rund um die Uhr geöffnet und decken alle finanziellen Grundbedürfnisse des täglichen Bedarfs ab. In unserer neuen „virtuellen Filiale" mit ihren deutlich ausgeweiteten Beratungszeiten (ab Herbst 2013 in einem ersten Schritt wochentags von 8.00 bis 20.00 Uhr, im Endausbau Montag bis Freitag 8.00 bis 22.00 Uhr und Samstag 10.00 bis 18.00 Uhr) bieten wir persönliche Betreuung über Telefon, E-Mail, SMS, in der gesicherten Umgebung des Online Bankings und über Videotelefonie. Bei Bedarf können im Rahmen der Videotelefonie auch Finanzierungs- und Veranlagungsexperten zugeschaltet werden.

Wesentlich ist für uns, dass die Bank Austria mit diesem Konzept flächendeckend in ganz Österreich präsent ist – sowohl „physisch" als auch „virtuell". In der „Bank der Zukunft" können unsere Kunden ihre Bankgeschäfte also genau dann erledigen, wann sie dies wollen und in der Form, wie es für sie jeweils am bequemsten ist.

● ●

INTERVIEW

Ing. Theodor Hebnar

Stadt Wien Wiener Wohnen Kundenservice GmbH

Geschäftsführer

Wie muss Customer Service auf die sich ändernden Kundenerwartungen reagieren?
Wesentlich ist, dass man sich immer wieder auf die Überlegungen „Kundenerwartungen und Leistungsmöglichkeiten" zurückzieht. Im Prinzip hat sich nichts verändert, der Kunde hat immer noch denselben Anspruch: Er möchte in einer vernünftigen Zeit, in einer preislichen Relevanz für ihn erkennbare, nachvollziehbare Leistungen beziehungsweise Produkte beziehen. Egal, über welchen Kanal. Aber manche Kanäle gaukeln dem Kunden etwas vor, beispielsweise Geschwindigkeit, und daher muss sich ein Unternehmen überlegen, ob es in der Lage ist, diese Geschwindigkeit zu bieten, denn der Kunde erwartet sich nicht etwas, was ihm vorher nicht versprochen wurde, wie zum Beispiel 7x*24-Service. Somit muss jedes Unternehmen innerhalb der Grenzen, die es erfüllen kann und die wirtschaftlich sinnvoll sind, sein Service so dimensionieren, dass das Package für den Kunden schlüssig und glaubwürdig ist.

Nur Mitmachen bei einem Hype ist eine gefährliche Variante. Social Media beispielsweise als Kanal nur zu eröffnen, weil alle es tun. Tendenziell färben die Serviceangebote aus anderen Branchen auch auf das eigene Unternehmen ab, aber es wird branchenspezifische Unterschiede geben. Ein Buch zum Beispiel kaufen viele gerne im Internet, aber ein Auto kaufen Sie nicht ungesehen im Internet, denn hier gehe ich eine andere Beziehung mit dem Produkt/Service ein und suche daher passendere/wärmere Kanäle für mich. Der Wohnungskauf rein im Internet wird nicht funktionieren.

Die Behauptung, Kundenerwartungen managen zu können, wäre vermessen, man kann nur sein Unternehmen managen und so flexibel aufstellen, um die Kundenerwartungen zu erfüllen und sich in Zeiten des Wandels mit den Kunden mit zu bewegen.

Kapitel 5: Customer Service

Wie kann Customer Experience messbar gemacht werden?
Zuerst muss das Prinzip Qualität im Unternehmen definiert werden. Wir sind überzeugt, nur Qualität hat langfristig Bestand. Daher muss sich ein Unternehmen fragen, wie es zu einem entsprechendem Preis gute Qualität liefern und garantieren kann.

Die einzige Methode, Customer Experience zu messen, ist, Kunden gezielt und mit wissenschaftlichen Methoden hinterlegt zu befragen. Vertriebskennzahlen bieten nur langfristig über Jahre betrachtet eine valide Aussage. Kunden werden eigentlich nur selten befragt und wenn, sind sehr oft die Fragen und die Art und Weise nicht ideal gewählt.

Die Stadt Wien Wiener Wohnen Kundenservice GmbH befragt seine Kunden immer am gleichen Kanal, an dem auch der Geschäftsfall stattgefunden hat, so zum Beispiel am Telefon nach einem Telefonat und persönlich bei einem Vor-Ort-Besuch. Aus diesen Informationen wird das Service der Stadt Wien Wiener Wohnen Kundenservice gestaltet. Als Kennzahl nutzen wir die Kundenzufriedenheit, wobei hier zum Beispiel unser Willkommensservice einen Wert von 1,4 auf einer fünfteiligen Skala nach dem Schulnotensystem erreicht. Dies zeigt, dass unser Ansatz der richtige ist.

Ob ein Mitarbeiter schroff und abweisend ist oder freundlich und auf Kundenwünsche eingeht, macht preislich für uns als Unternehmen keinen Unterschied. Das Gehalt für den Mitarbeiter ist dasselbe. Der Unterschied entsteht allerdings dadurch, ob sich der Kunde wohlfühlt oder nicht. Jeder erlebt jeden Tag viele Touchpoints und Wartesituationen und kann diese für sich analysieren. Vom Bäcker, über die Trafik, im Baumarkt bis hin zum Blick in die Gesichter der Mitarbeiter an einer Supermarktkassa. Was gefällt mir, was ist gut, das ein Mitarbeiter macht, was ist zu viel? Durch dieses bewusste Analysieren und Vergleichen kann man viel lernen und für sich als Unternehmen definieren, für was man stehen und welches Package man anbieten will.

●●●

Kapitel 6

Marketing & Sales

Ihr Schlaf war unruhig gewesen, durchzogen von irritierenden Träumen. Als Viktoria Frey in der Früh erwachte, fühlte sie sich bleiern und müde, und ein Blick in den Spiegel bestätigte diesen Zustand. Am liebsten wäre sie heute zu Hause geblieben. Doch der Terminkalender war voll und das erste Meeting begann bereits sehr früh.

Als sie nach langen und zähen Verhandlungen mit einem Kunden außer Haus und viel zu vielen Kaffees in ihr Büro kam, sank sie in ihren Stuhl. Der Tag war so richtig zum Abhaken. Überall Probleme, überall schwierige Verhandlungspartner, überall erwartete man, dass sie alles lösen konnte. Sie sah aus dem Fenster in einen strahlend schönen Tag, was ihre Laune nicht gerade verbesserte. „Großartig", dachte sie „das Leben ist da draußen, während ich hier drinnen gegen Windmühlen kämpfe." Ein Blick in ihren Terminkalender verriet ihr, dass sie noch etwa zehn Minuten hatte, bis der Termin mit Markus Schmidt, dem Marketing-und-Sales-Bereichsleiter startete.

Sie war immer noch mürrisch, als der Kollege den Raum betrat und sie am Meetingtisch Platz nahmen. Sie kämpfte gegen ihre Müdigkeit und vor allem gegen ihre schlechte Laune und hatte anfänglich große Schwierigkeiten, sich auf den Inhalt des Gesprächs zu konzentrieren.

Das Läuten des Handys tat sein Übriges, um ihre Konzentration zu stören, und sie war mehr als überrascht, als der Bereichsleiter nach einem kurzen Blick auf das Display mit den Worten „Bitte entschuldigen Sie …" abhob. „Was kann jetzt wichtiger sein als unser Gespräch?", ärgerte sie sich still und merkte dadurch nicht sofort, dass ihr Gegenüber auf einmal kreidebleich geworden war. „Ich komme sofort", sagte er zum Abschied in sein Handy und legte auf. „Was ist denn passiert?", fragte sie entsetzt. „Mein Sohn", stammelte

Markus Schmidt, „er ist im Kindergarten vom Kletterturm gestürzt. Sie haben den Notarzt gerufen und er ist gerade auf dem Weg ins Krankenhaus. Es tut mir sehr leid, aber ich muss gehen. Ich lasse Ihnen meine Unterlagen da, falls Sie etwas Zeit haben, können Sie sie gerne durchsehen. Ich melde mich, sobald es mir möglich ist. Bitte verzeihen Sie."

Sie fühlte sich schlecht. Sehr schlecht sogar. „Ich sitze hier, bin schlecht gelaunt und zerfließe vor Selbstmitleid, weil ich einmal eine schlechte Nacht und einen schlechten Tag habe, während dieser Mann völlig außer sich vor Sorge um seinen Sohn ist." Wie lächerlich Meetings, stressige Termine und schlecht gelaunte Verhandlungspartner plötzlich waren. „So schnell können sich Sichtweisen ändern", dachte Viktoria geläutert. Und da nun weder Selbstmitleid noch zu harte Selbstkritik sinnvoll waren, beschloss sie, den Bereichsleiter zu unterstützen, indem sie die verbliebene Zeit nutzte, um sich in seine Unterlagen einzulesen und ihm (und auch ihr) dadurch vielleicht eine Wiederholung des Termins zu ersparen. Sie öffnete die Mappe und fand eine Vielzahl an Studien, teilweise mit handschriftlichen Kommentaren von Markus Schmidt versehen, einige ausgedruckte E-Mails, die offenbar einen Gesprächsverlauf dokumentierten, und ein paar Berichte, die von Mitarbeitern aus dem Marketing-und-Sales-Bereich verfasst worden waren. Sie begann mit dem ersten Bericht, der gleich auf der ersten Seite mit einer Kernaussage begann. „Sehr gut, eine Executive Summary gleich zu Beginn", freute sie sich, als sie zu lesen begann.

Transparente Märkte, informierte Kunden

„Durch das Internet werden die Märkte zusehends transparenter, dadurch stehen wir nun Kunden gegenüber, die sehr gut über Produkte, Konditionen und Preise informiert sind, was sie zu hartnäckigen Verhandlern macht. Die Zeit der lokalen Beschaffung ist vorbei. Die Kunden suchen sich ihre Lieferanten unabhängig von deren Standort aus. Preise spielen dabei eine wesentliche Rolle, genauso wie die Integration in die Unternehmensprozesse des Kunden. Mitbewerber, die mit günstigen Produktionskosten punkten, beginnen erste Kunden abzuwerben, da der Preisabstand offenbar signifikant ist. Es gilt nun immer mehr, zum richtigen Zeitpunkt genau das richtige Produkt in der richtigen Menge an den Kunden zu liefern."

„Das klingt nach Losgröße 1 statt wie bisher Losgröße 1000 oder noch mehr. Das stelle ich mir für unsere Produktion herausfordernd vor. Ich frage mich, wo da die Skalenerträge bleiben?", dachte die Geschäftsführerin, als sie zu Ende gelesen hatte.

Gute Kundenbetreuer sind heiß begehrt

Das nächste Dokument war ein E-Mail-Verkehr zwischen Helene Rauscher, der HR-Leiterin, und Markus Schmidt, dem Marketing-und-Sales-Verantwortlichen. Daraus ging hervor, dass offenbar massiv versucht worden war, einige der besten Vertriebsmitarbeiter abzuwerben – und zwar genau von jenem Unternehmen, an das sie gerade den großen Auftrag verloren hatten. Einige Kollegen waren loyal, bei vielen anderen allerdings war das Abwerben gelungen, und sie hatten nicht nur ausgezeichnete Salesleute verloren, sondern es bestand auch die Gefahr, dass diese ihre Kundenaufzeichnungen mitgenommen hatten und das Unternehmen dadurch sehr angreifbar war.

„Verdammt", murmelte Viktoria und musste wieder an den Kunden denken, den sie verloren hatten. „In den vergangenen Jahren hatten wir doch überdurchschnittlich loyale Kunden und eine unterdurchschnittliche Mitarbeiterfluktuation aufzuweisen. Wieso können wir plötzlich die Kollegen nicht mehr halten? Und wieso sind die Kundendaten nicht zentral abgelegt?" Die Antwort auf ihre Frage fand sie im folgenden E-Mail der HR-Leiterin, in dem sie dem Marketing-und-Sales-Kollegen erklärte, dass ihr Unternehmen weder von den eigenen Mitarbeitern und noch viel weniger von neuen Mitarbeitern als attraktiver Arbeitgeber wahrgenommen würde. „... und unser mangelndes Employer Branding führt dazu, dass wir sowohl im Recruiting neuer High Potentials als auch bei der Bindung bestehender Mitarbeiter massiv ins Hintertreffen geraten ...". Sie schluckte. „Verdammt", fluchte sie erneut, warum hatten sie nicht schon früher darauf reagiert?

Besser mobil arbeiten

Beunruhigt blätterte sie weiter und stieß auf eine Präsentation mit dem Titel „Dynamisches Vertriebsvorgehen". „Das klingt endlich einmal nach etwas Positivem", dachte sie, musste allerdings gleich bei der ersten Folie feststellen, dass es sich um ein Ziel handelte. Die Präsentation sollte aufzeigen, was noch erforderlich war, um ebendieses dynamische Vertriebsvorgehen, wie es der Marketing-und-Sales-Verantwortliche nannte, zu erreichen.

Er führte an, dass im Vertrieb massiver Handlungsbedarf bestand, da die Vertriebsmitarbeiter mit nur bedingt mobil nutzbaren Standardendgeräten ausgestattet waren. Gerade im Vertrieb allerdings wäre mobiles Arbeiten von essenzieller Bedeutung, da die Mitarbeiter sehr viel unterwegs waren und daher auch von außerhalb des Unternehmens auf wichtige Daten zugreifen mussten. Viele Kollegen mussten oft abends nach vielen Kundenterminen noch in die Firma kommen, um dort Aufträge ins System einzupflegen oder nach Informationen zu suchen. Die Unzufriedenheit darüber war hoch und die Forderung nach mobiler Arbeitsweise und entsprechenden Geräten naheliegend. Sie hatte durchaus Verständnis für dieses Anliegen. Es war sicher alles andere als zeitgemäß, dass Kundenbetreuer mit einer Vielzahl an Prospekten und Broschüren die Kunden aufsuchten. Der Auftrag, eine Betriebsvereinbarung zum Thema mobiles Arbeiten aufzusetzen, war bereits an die HR-Kollegin ergangen.

Social Media im Unternehmen

Der nächste Punkt betraf Social-Media-Plattformen wie zum Beispiel Xing. In seinen Folien führte Markus Schmidt an, dass es vermehrt zu Beschwerden seitens seiner Mitarbeiter gekommen sei, weil Social-Networking-Plattformen im Unternehmen generell gesperrt waren. Als sie weiterlas, erfuhr sie, dass die Mitarbeiter Mittel und Wege fanden, diese Sperre zu umgehen. Zum Beispiel, indem sie von ihren privaten Mobiltelefonen darauf zugriffen. „Tja, damit macht natürlich die unternehmensweite Sperre genau gar keinen Sinn", dachte sie. Bereits Irene Tauber, die IT-Leiterin, hatte sie in ihrem gemeinsamen Gespräch darauf hingewiesen, dass die Sperre von Social-Media-Plattformen im Unternehmen ein großes Thema war. Da sie bereits damals für sich entschieden hatte, diese Sperre aufzuheben, überflog sie die restlichen Punkte auf den Folien nur noch.

Gerade als sie beim nächsten Punkt weiterlesen wollte, wurde sie auf den Satz „… Mitarbeiter haben deshalb eigenmächtig und ohne zentrale Steuerung durch das Unternehmen eigene Gruppen für das Unternehmen auf Social Media angelegt und …" aufmerksam. „Wie bitte?" Viktoria traute ihren Augen kaum. Da das Unternehmen selber nicht auf den Plattformen vertreten war, hatten sich einzelne Mitarbeiter hingesetzt und im Namen des Unternehmens eigene Gruppen entworfen. Das Unternehmen war demnach auf den Social-Media-Plattformen vertreten – allerdings völlig losgelöst von jeglicher Steuerung, betrieben von einigen Mitarbeitern. „Um Gottes Willen. Was schreiben die dort über uns?", durchfuhr es sie. Mit einem Schlag war sie überzeugt davon, dass man Social Media auch als Unternehmen leben musste, ob man das gut fand oder nicht, stand nicht zur Debatte. Fakt war, wenn man selber nicht tätig wurde, dann wurden es offenbar andere. Und die waren schwer zu steuern.

Eine weitere Überraschung wartete auf sie. Markus Schmidt schloss die Folie mit der Information ab, dass er einen Mitarbeiter damit betraut hatte, zu prüfen, in welchen relevanten Social-Media-Plattformen das Unternehmen anzulegen und seriös mit zentraler Steuerung zu betreiben wäre. Um die notwendigen Ressourcen zu bekommen, hatte er entschieden, die Messeauftritte auf einige wenige relevante Messen zu reduzieren, da die Besucherzahlen in den letzten Jahren ohnehin rückläufig waren und die Messeauftritte sich längst nicht mehr rechneten. „Moment mal", überlegte Viktoria, „hat mir nicht vor einigen Tagen Christine Sigmund, die CS-Kollegin, erzählt, dass sie sich intensiv mit Social Media befassen? Und im Marketing starten wir ein ähnliches Projekt? Wozu verbringen wir so viel Zeit mit Abstimmungsterminen, wenn sowieso aneinander vorbeigesprochen wird?", ärgerte sie sich und beschloss, den Marketing-und-Sales-Leiter und die CS-Verantwortliche bei nächster Gelegenheit darauf anzusprechen.

Lineare Supply Chain war gestern

Sie blätterte weiter zum nächsten Thema der Präsentation und erfuhr, dass die Wirtschaft heute nicht mehr in linearen Lieferketten oder Supply Chains, wie Markus Schmidt sie bezeichnete, sondern in Kooperationsnetzwerken agierte. Daneben waren zwei Grafiken abgebildet. Eines war ein Bild aus der Vergangenheit, in dem – wie die Glieder einer Kette – hintereinander einige Lieferanten und am Ende der Kunde abgebildet waren. Das nebenstehende Bild, das die Gegenwart repräsentieren sollte, zeigte ein weitverzweigtes Netz an Lieferanten, Partnern, Beratern und Kunden. Die Darstellung war wohl bewusst sehr dicht gehalten, um auf die entstehende Komplexität hinzuweisen. Gerade internationale Unternehmen im Geschäftskundenumfeld kooperierten heutzutage eng mit mehreren Partnern und oftmals waren auch Kunden direkt in den Prozess eingebunden. Dieses Kooperationsnetzwerk war wie ein Zahnrad mit vielen kleinen Rädchen, die alle an unterschiedlichen Stellen und in unterschiedlichen Größen ineinander griffen, um am Ende beim Kunden die gewünschte Leistung zu erbringen. Um sicherzustellen, dass sich alle Zahnräder exakt im richtigen Moment ineinanderfügten, waren höchste Kooperationsbereitschaft und ein Gros an Abstimmung zwischen den verschiedenen Beteiligten erforderlich.

Markus Schmidt hütete in seinen Unterlagen auch schon die Lösung für diesen erhöhten Abstimmungsbedarf. In dieser Collaboration-Plattform konnten Mitarbeiter an jedem Ort und zu jeder Zeit kommunizieren und auf relevante Daten zugreifen. Die Daten waren selbstverständlich durch verschiedene Maßnahmen gesichert, sodass sich aus Security-Sicht ein ähnliches Bild ergab, als würde man im Unternehmen auf diese Daten zugreifen. Die Plattform ermöglichte auch den gesicherten Zugriff von Externen. Man konnte also Partner, Zulieferer und natürlich auch die Kunden auf bestimmte Daten, für die man ihnen die Berechtigung erteilte, zugreifen lassen. Dadurch war ein Austausch unabhängig von Zeitzonen oder Produktionsbedingungen jederzeit möglich.

„Macht Sinn", überlegte die Geschäftsführerin, die selber einen großen Nutzen aus so einer Plattform ziehen würde, und erinnerte sich daran, dass bereits Frau Tauber, die IT-Leiterin, und auch Oskar Oberascher, der Bereichsleiter für Organisation und Organisationsentwicklung, ihr von Collaboration und Unified Communications erzählt hatten. „Wenn wir in Kürze für freie Ressourcen in der IT gesorgt haben, bekommen sie sofort den Auftrag, sich um eine passende Collaboration-Plattform für unsere Firma zu kümmern", beschloss Viktoria. Und dieser Auftrag sollte besser heute als morgen an die IT ergehen, denn auf der nächsten Folie stellte der Marketing-und-Sales-Verantwortliche sehr anschaulich dar, wie derzeit die Daten ausgetauscht wurden. Sensible Unternehmensdaten wie Engineering-Daten oder 3D-Modelle von Prototypen wurden auf Plattformlösungen, wie sie im Internet zu finden waren, gespeichert und dort von den relevanten Personen wieder abgerufen. Die Plattformen waren zwar alle passwortgeschützt, aber es lag klar auf der Hand, dass die Daten dort alles andere als sicher waren, wenn es jemand darauf anlegte, sie sich unrechtmäßig anzueignen.

Kundennutzen verkauft besser als Technik

Das letzte Dokument in den Unterlagen von Markus Schmidt war der Bericht eines namhaften Analysten über die Trends und die Zukunft im Vertrieb.

„Trend 1: Neukundenakquise" stand da in fetten Lettern. Sie runzelte die Stirn. Was, bitte, sollte an Neukundenakquise im Vertrieb neu sein? Doch schnell wurde ihr klar, dass es um die Frage ging, wie in Zukunft beziehungsweise bereits in der Gegenwart Neukunden geworben werden wollten. Gerade im Geschäftskundenbereich wurde sehr häufig verstärkt über die Technik agiert. Man sprach über technische Features und platzierte so sein Produkt beim Kunden. Kundenbeziehungen waren meist über Jahre gewachsen und erwiesen sich als sehr fest und loyal. Als allerdings neue Player am Markt aufgetreten waren und die Preise zu sinken begonnen hatten, wurde langsam klar, dass ein rein auf technische Produktmerkmale fokussierter Vertrieb der Vergangenheit angehörte. Von Kundenbetreuern wurde nun erwartet, dass sie Einblick nahmen in die Prozesse und Geschäfte des Kunden, dass sie dort Verbesserungspotenziale erkannten und mit einem passenden Produkt zur Deckung dieser – dem Kunden möglicherweise noch gar nicht bekannten –

Anforderung beim gemeinsamen Termin aufwarten konnten. Kundenbetreuer wurden mehr und mehr zu Beratern der Kunden. Von ihnen wurde erwartet, dass sie über die Geschäftsprozesse des Kunden genau Bescheid wussten und ein bestehendes Problem mittels der Produktpalette, die das Unternehmen ihnen zur Verfügung stellte, lösen konnten. Die Technik rückte mehr und mehr in den Hintergrund, verkauft wurde rein über den Kundennutzen.

Um von Mitbewerbern nicht vom Markt gedrängt zu werden, würde es laut den Unterlagen zusätzlich notwendig, den Bekanntheitsgrad des Unternehmens sowohl bei der direkten Zielgruppe als auch bei den Endkunden zu erhöhen. Der Bericht entwarf eine Vision, in der die Kundenbetreuer zu einer Art Sparringspartner der Kunden wurden, einem Vertrauten, mit dem man über Geschäftsprozesse und eigene Themen reflektieren konnte, der Bescheid wusste und mit dem man sich auf Augenhöhe traf. Über diese Schiene würde man die Bedürfnisse der direkten Kunden am besten abdecken.

Der Endkunde bestimmt – auch im B2B

Die Geschäftsführerin las weiter: „Gleichzeitig gilt es, die Endkunden, an die man selber gar nicht verkauft, zu motivieren, von ihren Lieferanten, also unseren direkten Kunden, unsere Produkte zu verlangen. Je mehr Endkunden die Produkte unseres Unternehmens bei ihren Lieferanten fordern, desto mehr sind diese gezwungen, genau diese Produkte zu kaufen." Als Beispiel wurde im Bericht Intel angeführt, die es mit ihren „Intel Inside"-Stickern auf Geräten geschafft hatten, beim Endkunden zu einer Marke zu werden, die für hohe Qualität und Zuverlässigkeit steht. Oder auch Michelin, die ihre Alleinstellungsmerkmale direkt an den Endkunden kommunizierten – die wiederum von ihren Autolieferanten forderten, dass sie die Autos mit Michelin-Reifen ausstatteten.

Am besten erreichte man die Endkunden mit Social Media. Selbst Unternehmen, die niemals direkt an Endkunden verkauften, konnten über dieses Vehikel ins Relevant Set der Zielgruppe gelangen, stand da geschrieben. Wichtig dabei war ein durchdachter Social-Media-Auftritt, der auf den Endkunden zugeschnitten war und ihn mitunter sogar aufforderte, sich aktiv für das Unternehmen zu interessieren – möglich sei das beispielsweise durch einen Aufruf zur Beteiligung an der Produktentwicklung oder zu einem Ideenwettbewerb. Einerseits profitiere man dadurch nicht nur von einer Vielzahl an ungewöhnlichen Ideen, die im eigenen Unternehmen wahrscheinlich gar nicht entstanden wären, sondern auch von der Aufmerksamkeit, die eine solche Aufforderung mit sich bringe. Und man könne sicher sein, dass alle, die in den Ideenwettbewerb involviert waren, gespannt auf die Veröffentlichung warteten. In Summe profitiere man also einerseits von vielen neuen Inputs und andererseits durch die stärkere Kundenbindung und größere Marktnähe.

Effektivere Verkaufsprozesse durch Mobility

Sie blätterte weiter und las sich durch die nächste Trendvorhersage, die die Analysten mit „Mobility" betitelten. Die Ausführungen begannen mit Umfrageergebnissen, wonach insbesondere Vertriebsleute Vorreiter im Bereich Tablet Computer und Smartphone waren. Zurückzuführen war das darauf, dass Usability im Vertrieb eine große Rolle spielte und diese bei einem Tablet deutlich besser war als bei einem Laptop. Es war schneller und einfacher zu bedienen, leichter und man war vor allem sofort online. Es gab kein minutenlanges Hochfahren des Gerätes mehr, während dessen man den Kunden warten lassen musste, was die Stimmung nicht selten verschlechterte. Außerdem wurde angeführt, dass ein aufgeklappter Laptop wie eine Barriere zwischen Kundenbetreuer und Kunde wirke, die die beiden räumlich trennt. Ein Tablet wirke dagegen viel mehr wie ein eine Broschüre, die man sich gemeinsam ansieht und in der auch gemeinsam geblättert werden könne. Sowohl Betreuer als auch Kunde könnten das Gerät bedienen. Das könne ein Laptop nicht leisten, hier nehme der Kunde eine passive Rolle ein und sei weitaus weniger an den besprochenen Inhalten beteiligt. Außerdem biete der Tablet PC leichter die Möglichkeit, via Presence Experten zu suchen und somit im Gespräch direkt die Frage des Kunden beantworten zu können. Deshalb habe der Tablet PC bei vielen Außendienstmitarbeitern bereits das Notebook verdrängt.

Noch deutlicher zu sehen war die Affinität der Vertriebsmitarbeiter zu Smartphones. Diese gehörten offenbar mittlerweile neben einem gut sitzenden Anzug und geputzten Schuhen quasi zur Grundausstattung. Eine Empfehlung des Marketing-und-Sales-Leiters überraschte die Geschäftsführerin, nämlich alle Vertriebsmitarbeiter, die Kundenkontakt hatten, mit Tablet PCs auszustatten. „Gib ihnen den kleinen Finger und sie wollen deine ganze Hand", dachte sie und machte eine Notiz für sich selbst, Markus Schmidt nach dem Grund für diese Forderung zu fragen.

„Klingt natürlich sehr gut", überlegte Viktoria, „ich kann mir gut vorstellen, dass man mit dieser Ausstattung beim Kunden großen Eindruck macht. Aber das ist auf der anderen Seite auch eine massive Kostenfrage. Ich werde mir einmal eine Einschätzung aus der IT geben lassen, was es kosten würde, alle Mitarbeiter mit Kundenkontakt mit Tablet PCs auszustatten, außerdem ist zu analysieren, welche Security-Themen das aufwerfen würde. Aber unabhängig davon, müssen wirklich alle Kollegen im Sales so ausgerüstet sein, oder kann man hier vielleicht auch kategorisieren und sich zum Beispiel an der Größe des zu betreuenden Kunden orientieren?", fragte sie sich, als ihr auf einmal eine handgeschriebene Bemerkung von Markus Schmidt am Seitenrand auffiel: „Unternehmensspezifische App gewünscht! – abklären mit GF", hatte er notiert.

Offenbar bestand der Wunsch im Vertrieb, die beschriebenen Vertriebsapplikationen im Unternehmen selbst zu entwickeln, und der Bereichsleiter hatte wohl vor, dieses Thema mit der Geschäftsführerin zu besprechen. „Warum eigentlich nicht? Das hätte den Vorteil, dass die Apps wirklich maßgeschneidert auf unsere Bedürfnisse wären und unsere Prozesse gut abdecken würden. Aber natürlich ist das auch eine Kostenfrage", dachte die Geschäftsführerin, und da sie ohnehin vorhatte, Frau Tauber, die IT-Verantwortliche, zu kontaktieren, nahm sie sich vor, auch dieses Thema mit ihr zu besprechen.

Augmented Reality

„Augmented Reality als Trend im Geschäftskundenbereich. Das ist ja spannend", murmelte sie, als sie die Überschrift las. Um sicherzustellen, dass sie den Begriff „Augmented Reality" auch richtig zuordnete, googelte sie ihn kurz, bevor sie weiterlas. Sie hatte richtig gelegen: Unter Augmented Reality verstand man eine Art der Darstellung, in der tatsächliche physische Bestandteile oder Objekte mit virtuellen Grafiken und Elementen vermischt wurden. So wurde eine Art gemischte Realität erzeugt, bestehend aus dem realen Objekt und zusätzlichen Bildern aus der virtuellen Welt. Man konnte damit die Produkte quasi zum Leben erwecken und so dem Kunden Einblicke gewähren, wie sie eine Broschüre oder auch ein Blick auf das tatsächliche Produkt niemals leisten konnten. Augmented Reality schuf Aufmerksamkeit, und der Kunde setzte sich weitaus aktiver und stärker mit dem Produkt oder Thema auseinander, als er es bei einer herkömmlichen Produktpräsentation getan hätte. Besonders bei erklärungsbedürftigen und komplexen Produkten und Lösungen galt Augmented Reality als Revolution, weil sie es ermöglichte, komplexe Themen zu vereinfachen, und spielerische Elemente in den Vordergrund traten.

Den Rest des Textes konnte sie aufgrund der fortgeschrittenen Zeit nur mehr überfliegen, doch sie hatte rasch das Potenzial erkannt, das darin lag. „Wir könnten das Innenleben unserer Produkte darstellen. Die Kunden könnten ihre Produkte virtuell von mehreren Seiten betrachten und selber Konfigurationen vornehmen. Großartig. Dass das aufmerksamkeitsstark ist, glaube ich sofort. Und dass hier die spielerische Komponente eine starke Rolle spielt, auch. Jedes noch so komplizierte Thema verliert an Komplexität, wenn man in es hineinsehen, es drehen oder vielleicht sogar die Farbe auswählen kann", war Viktoria begeistert.

Ein Kompromiss als gute Lösung

Als der Tag sich zu Ende neigte, erhielt Viktoria einen Anruf von Markus Schmidt, dem Marketing-und-Sales-Verantwortlichen. „Wie geht es Ihrem Sohn?", fragte sie ohne Umschweife. Sie hörte ihn lächeln, noch bevor er ihr erzählte, dass sie nochmal Glück gehabt hatten. „Der Fuß ist zwar gebrochen, aber mittlerweile ist er schon total stolz auf seinen ersten Gips, und alle seine Freunde haben bereits darauf unterschrieben", sagte er.

„Es tut mir sehr leid, dass ich so abrupt wegmusste", entschuldigte er sich. „Konnten Sie mit meinen Unterlagen etwas anfangen?" Viktoria beruhigte ihn, dass sie volles Verständnis für seinen raschen Aufbruch habe. Dann begannen sie sich über die Inhalte der Dokumente zu unterhalten. Die Geschäftsführerin teilte Markus Schmidt mit, dass sie alles mit großer Aufmerksamkeit gelesen hatte, allerdings nicht in allen Punkten seinen Empfehlungen folgen konnte.

„Sie schlagen vor, alle Mitarbeiter im Vertrieb mit Kundenkontakt mit Tablet PCs auszustatten. Finden Sie das nicht ein wenig extravagant? Gerade in der aktuellen Lage, wo es unserem Unternehmen nicht so rosig geht, empfehlen Sie so ein Investment? Haben Sie sich informiert, was uns das kosten würde?", begann sie die Diskussion. „Ja, das habe ich", antwortete er und nannte ihr den entsprechenden Betrag, dieser umfasste die Kosten für den Neukauf der Geräte, jedoch noch nicht jene für die Integration in die bestehende IT und den Betrieb und war niedriger, als sie erwartet hatte, aber trotzdem eine stattliche Summe. Doch der Marketing-und-Sales-Verantwortliche war von der Maßnahme sehr überzeugt, wie man seiner Argumentation entnehmen konnte: „Die Vorteile von solchen Mobilitätslösungen liegen auf der Hand. Eine Umfrage hat ergeben, dass 59 Prozent der Befragten bestätigten, dass sich mit solchen Geräten die Mitarbeiterproduktivität steigern ließe. Auch die verbesserte Reaktionsfähigkeit und die beschleunigte Entscheidungsfindung waren für viele wesentliche Faktoren. Ganz nebenbei sind Ausstattungen wie Smartphone und Tablet ausgezeichnete Unterstützer in der Neukundenakquise, gerade wenn es darum geht, das Unternehmen als innovativ zu positionieren." Der Einsatz von mobilen Applikationen auf Tablet PCs hatte viel Potenzial, die klassische Unternehmensbroschüre oder den gebundenen Produktkatalog zu ersetzen. Sie boten außerdem Interaktion mit dem Kunden, der nun gemeinsam mit dem Betreuer direkt in der Applikation erste spezifische Konfigurationen vornehmen konnte. Und der Kunde erhielt gleich eine erste Preisindikation oder ein Angebot vor Ort. Sie boten außerdem die Möglichkeit, den Kunden für das Produkt zu begeistern, in dem er selber Gestaltungsvorschläge mit einbringen konnte und keine Zeit mehr verlorenging, die früher notwendig war, bis der Betreuer in seine Firma zurückgefahren war, ein Angebot erstellt hatte und dieses dem Kunden zurücksandte.

Schlussendlich fanden sie einen Kompromiss und vereinbarten, dass alle Kundenbetreuer von Kunden im Großkundensegment mit Tablet PCs ausgestattet werden sollten und als Incentivemaßnahme ebenso jene, die ihr Jahresziel um mehr als 15 Prozent überschritten. So konnten auch Kundenbetreuer aus kleineren Segmenten einen Tablet PC bekommen. Zusätzlich vereinbarten die Geschäftsführerin und der Marketing-und-Sales-Verantwortliche, die Wirkung der Maßnahme anhand der wesentlichen Erfolgskennzahlen zu überprüfen. Sollte sich die Ausstattung mit den Tablets als gewinnbringend für das Unternehmen erweisen, würden sie die Maßnahme auf alle Vertriebsmitarbeiter ausweiten. Falls nicht, sollte die nun getroffene Regelung in Kraft bleiben und alle anderen Kollegen ihre Kundenbesuche weiterhin mit ihren Laptops machen.

Ein gutes CRM-System ist die halbe Miete

Viktoria blätterte in den Unterlagen und sah sich ihre Notizen durch. „Ah ja, da ist es ja …", dachte sie. „In diesem E-Mail-Verkehr mit Helene Rauscher, der HR-Kollegin, geht es unter anderem darum, dass uns Kundenbetreuer abgeworben werden. Selbst wenn wir nun alle mit Tablet PCs ausstatten, werden wir dem nicht wirklich entgegenwirken können. Wie gedenken Sie mit dem Problem umzugehen, dass wir gemeinsam mit dem Mitarbeiter auch seine Kundenkontakte verlieren?", begann sie die Diskussion des nächsten kritischen Punktes.

Markus Schmidt erklärte, dass sie bislang die Kollegen immer sofort freigestellt hätten. Es wurde ihnen im Beisein des Vorgesetzten noch gestattet, ihre privaten Dinge aus dem Büro beziehungsweise aus dem Laptop zu holen. Allerdings hätte sich herausgestellt, dass die meisten all das bereits erledigt hatten – und auch ihre Kundenaufzeichnungen bereits Tage vor ihrer Kündigung mitgenommen hatten. Das führte nicht nur dazu, dass alle Informationen weg waren, es konnte aufgrund der sofortigen Freistellung auch keine geordnete Übergabe der Projekte an einen anderen Vertriebskollegen durchgeführt werden. Der Nachfolger trat meist ein recht schweres Erbe ohne viele Informationen an.

„Was wir brauchen, ist ein CRM-System, in dem all unsere Kundendaten, alle Kontakte, alle Opportunities versehen mit Eintrittswahrscheinlichkeiten, alle Verträge inklusive der Ablaufdaten, die der Kunde bei uns hat, eingetragen sind und verwaltet werden können. Natürlich sind wir dann immer noch nicht davor gefeit, dass Mitarbeiter, die kündigen, diese Informationen mitnehmen, aber zumindest machen wir es ihnen um einiges schwerer als bisher, wo sie die Daten ihrer Festplatte einfach auf einem USB-Stick mitnehmen können. Außerdem erreichen wir, dass wir weitaus weniger Probleme mit fehlenden oder übereilten Übergaben haben, wenn alle Daten zentral abgelegt sind", brachte Markus vor. Diese CRM-Datenbank müsste auch extern zugänglich sein, also beispielsweise direkt nach dem Kundentermin oder wenn der Betreuer zwischen zwei Terminen etwas Zeit hatte, allerdings nicht genug, um ins Büro zu kommen. Diese Datenbank sollte außerdem die Möglichkeit einräumen, entsprechende Aufgaben anderen Vertriebskollegen zuzuweisen beziehungsweise Folgeaktivitäten anzustoßen.

Diese CRM-Datenbank sollte aber keinesfalls nur für den Vertrieb bestimmt sein. Auch andere Abteilungen und Bereiche müssten darauf zugreifen können. „Im Marketing könnten wir so zielgruppenspezifische Kampagnen aus dem System heraus generieren", präzisierte er. „Ein bisschen so, wie Amazon das macht. Wenn wir wissen, dass Kunden, die Produkt A gekauft haben, potenziell auch an Produkt B interessiert sind, könnten wir diesen ganz gezielt in einer Kampagne Produkt B anbieten."

„Welche anderen Bereiche und Abteilungen würden Sie noch zugreifen lassen?", fragte die Geschäftsführerin. „Ich denke, ich würde die Datenbank nicht bewusst für bestimmte Bereiche und Abteilungen sperren. Meiner Meinung nach nützt es dem ganzen Unternehmen, wenn alle wissen, was unsere Kunden kaufen. Es sollte einfach nur Berechtigungsunterschiede geben, manche sollten eine Lese- und Schreibberechtigung, andere eine reine Leseberechtigung haben, und dann sollte es noch zusätzlich die Berechtigung geben, nur bestimmte Inhalte der Datenbank einsehen zu können. Aber prinzipiell, denke ich, sollte die Datenbank für alle Unternehmensbereiche offen sein. Ein erster Schritt in diese Richtung wird sein, überhaupt herauszufinden, wo im Unternehmen bereits welche Daten gesammelt wurden und werden", antwortete Markus Schmidt.

„Und wenn Sie nun alle Daten gesichtet haben und von mir aus auch in einer einzigen Datenbank verwalten, was gedenken Sie dann mit den Daten zu tun? Wie wollen Sie diese Daten für uns nutzen?", fragte Viktoria. Der Marketing-und-Sales-Bereichsleiter räusperte sich, bevor er weitersprach. „Sehen Sie, es nützt vielen Bereichen. Nehmen wir nur mal die Technik und IT. Genau hier wird ersichtlich, welche Projekte mit welcher Eintrittswahrscheinlichkeit zu welchem Zeitpunkt und welchem Inhalt auf uns zukommen. Wenn wir diese Informationen anderen Bereichen zur Verfügung stellen, können diese ihre Ressourcen viel besser planen und sich bereits im Vorhinein so aufstellen, dass wir die Engpässe deutlich reduzieren können. Natürlich wird es immer wieder ad hoc Projekte und Themen geben, aber im Großen und Ganzen sollten wir damit unsere Planungsgenauigkeit und damit natürlich auch unsere Liefertreue wesentlich verbessern können. So können wir auch Zielgespräche mit den Kundenbetreuern optimaler gestalten, denn selbstverständlich erhöht so ein Tool die Transparenz der Leistung der einzelnen Betreuer wesentlich, was sicher nicht jedem gefallen wird." Sein Tonfall ließ erkennen, dass ein diebisches Schmunzeln seinen Mund umspielte. „Und das ist nur ein Bruchteil der Möglichkeiten, die wir haben, wenn wir auf diese Daten gesammelt, geordnet und strukturiert zugreifen können. Meine Leute und ich haben uns bereits eine Stoßrichtungen überlegt, um diese Informationen gewinnbringend zu nutzen", ergänzte er.

„Wenn all diese Vorteile so auf der Hand liegen, wieso haben wir dann nicht längst so eine Datenbank?", forderte sie ihn heraus. „Nun ja, wissen Sie, wir hatten schon einmal so etwas im Haus. Aber die Usability war nicht gerade sehr menschenfreundlich und kurz gesagt, wurde das Tool in kürzester Zeit von den Mitarbeitern abgelehnt, weil es mehr Aufwand verursachte, als es Nutzen stiftete. Doch bin ich bereits mit Prozessexperten und dem IT-Bereich in Kontakt, um gemeinsam ein System zu finden, das alle Anforderungen erfüllt."

Lead Generation oder: der Kundenauftrag beim Sonntagnachmittagskaffee

„Ein weiteres Thema, das wir ebenfalls gerade mit dem IT-Bereich besprechen, wird Sie vielleicht auch noch interessieren", fuhr Markus fort. „Es handelt sich um ein Leadgeneration-Programm." Er erklärte, dass Leads, also potenzielle Kundenaufträge, ja nicht nur im Vertrieb, sondern im Endeffekt von jedem Mitarbeiter in jedem Unternehmensbereich generiert werden konnten. Sei es, dass die Dame von der Poststelle beim Sonntagnachmittagskaffee mit Freunden erfährt, dass diese in ihrem Unternehmen nach einer Lösung für ein bestimmtes Problem suchen, oder ein Außendiensttechniker mit einem Kunden spricht. Derzeit würden solche Leads, wenn überhaupt, per E-Mail auf vielen Umwegen in den Vertrieb gelangen. Auf vielen Umwegen deshalb, weil sich der Mitarbeiter, der den Lead aufgetan hatte, zuerst einmal mühsam auf die Suche machen müsse, wem er diese Informationen nun weitergeben soll. „Ich möchte gar nicht wissen, wie viele Leads während dieser Zeit versanden, weil der Mitarbeiter einfach wegen des Tagesgeschäfts keine Zeit hat, sich auf eine langwierige Suche zu machen", seufzte der Marketing-und-Sales-Leiter.

„Für mich wäre die beste Lösung, wenn wir so ein Leadgeneration-Tool in der besprochenen CRM-Datenbank integrieren könnten. Eine spielend leichte Möglichkeit, die in wenigen Sekunden erledigt ist und somit keinerlei Aufwand macht oder unnötige Zeit verschlingt. Ich stelle mir das so vor, dass es ein Eingabefeld gibt, in das der Mitarbeiter alle Informationen einträgt, die er vom Kunden bekommen hat, und das Tool leitet diese Informationen dann zielgenau zum richtigen Vertriebsansprechpartner weiter. Und jene, die nicht exakt geroutet werden können, kommen zu einer Assistentin oder einem Assistenten im Vertrieb, die dann manuell zuordnet. Ich denke, so können wir viele zusätzliche Leads ohne großen Aufwand erzeugen. Wir müssen es schaffen, dass die Kundenbetreuer einen, nennen wir es 360-Grad-Blick auf die Kunden bekommen können. Dass alle Informationen, die ihre Kunden an irgendeinem Touchpoint bei irgendeinem Mitarbeiter unseres Unternehmens hinterlassen, zum entsprechenden Kundenbetreuer weitergeleitet werden. Egal, ob sie über Telefon, über einen Social-Media-Kanal oder bei einem technischen Entstörungstermin aufkommen. In all diesen Informationen liegt eine Möglichkeit, dem Kunden eine Leistung zu verkaufen oder vielleicht seine Zufriedenheit mit einer kleinen Extraleistung zu steigern."

„So wie er spricht, sieht er dieses Tool bereits vor sich", die Geschäftsführerin musste lächeln und freute sich über die Begeisterung ihres Gegenübers, und doch gab es noch etwas zu besprechen.

Ein Fauxpas

„Weil Sie gerade Social Media erwähnen", begann die Geschäftsführerin. „Ich habe mit großer Überraschung von dem Social-Media-Vorstoß ihres Marketingmitarbeiters gelesen. Mit großer Überraschung deshalb, weil in Customer Service gerade eine sehr ähnliche Aktion ins Rollen kommt. Wussten Sie davon?" Die folgende Stille am anderen Ende der Leitung war Antwort genug. Der Marketing-und-Sales-Leiter hatte keine Ahnung, was in CS zum Thema Social Media passierte. Er hatte für dieses Thema fürs Erste einen Mitarbeiter vorgesehen, da das Unternehmen in diesem Bereich noch keine Erfahrungswerte hatte und er auf diesem Wege über Aufwände und den sich ergebenden Nutzen Informationen sammeln wollte.

„Ich muss mir irgendwie überlegen, wie wir dieses Problems Herr werden können", dachte Viktoria bei sich. „Mit einem lapidaren ‚Redet doch bitte miteinander' scheint es offenbar nicht getan zu sein." Markus Schmidt entschuldigte sich und versprach, sich gleich am nächsten Morgen mit Christine Sigmund von Customer Service in Verbindung zu setzen. An seiner Stimme war zu hören, dass ihm dieser Fauxpas wirklich sehr unangenehm war. Fürs Erste beließ es die Geschäftsführerin dabei. Nachdem sie sich vom Sales-und-Marketing-Manager verabschiedet hatte, dachte sie noch einmal über das Gespräch nach. Sie wurde das Gefühl nicht los, etwas vergessen zu haben, und sah ihre gesamten Notizen durch, beginnend mit denen, die sie zu Marketing und Sales gemacht hatte.

TERMIN MIT MARKETING UND SALES

➜ Kundenbetreuer werden abgeworben und nehmen Kundendaten und -kontakte mit. Informationen sind nicht zentral abgelegt, sondern lokal am Computer gespeichert

➜ Vertrieb pocht stark auf mobile Arbeitsweise

➜ Ein Mitarbeiter für Social-Media-Evaluierung abgestellt – ähnlicher Vorstoß wie bei CS. Abgestimmt?

➜ Collaboration-Plattformen, um erhöhten Abstimmungsbedarf auch mit externen Partnern zu erfüllen – Input kam auch von IT und Organisation

➜ Kundenbetreuer müssen als Berater und Sparringspartner des Kunden auftreten – Technik rückt mehr und mehr in den Hintergrund

➜ Endkunden gewinnen an Macht und Bedeutung – auch im B2B

➜ Tablet und Smartphone sind wichtige Aspekte in der Kundenakquise. Apps zur raschen Konfiguration von Kundenangeboten und Preisindikationen – direkt vor Ort beim Kunden

➜ Augmented Reality besonders für erklärungsbedürftige und komplexe Produkte

➜ CRM-System sollte alle Kundendaten, Kontakte, Opportunities und Sales Funnel sowie Vertragsdaten von Bestandskunden enthalten. Und sie sollten auch von extern befüllbar sein

➜ Leadgeneration-Programm für gesamtes Unternehmen

„Verdammt", fluchte Viktoria, als sie feststellte, dass sie recht behalten hatte. Während des Gesprächs mit Frau Tauber, der IT-Bereichsleiterin, hatte sie aufgeschrieben, das Thema „Prognosetools, um Märkte, Mitbewerber und deren mögliche Bewegungen vorherzusehen" mit Markus Schmidt zu besprechen. „Macht nichts", sagte sie zu sich selbst, während sie den Punkt mit einem dicken Rufzeichen versah. „Wir sehen einander ja in Kürze sowieso in einem längeren Meeting wieder."

FACTBOX

„2015 wird die ‚mobile workforce' weltweit 1,3 Mrd. betragen, das sind 37,2 Prozent der gesamten Workforce."
Quelle: IDC's Worldwide Mobile Worker Population, 2011–2015

„Der Vertrieb wird nach Meinung von 64 Prozent aller befragten Personen von UC profitieren, im Detail haben besonders die Branchen IT & TK (84,6 Prozent), Industrie (63,6 Prozent) und Verkehr/Transport (83,3 Prozent) UC für Vertriebsaktivitäten eine hohe Relevanz attestiert."
Quelle: HMP Unified Communications und New World of Work Studie 2013

„An increasing number of leading brands, retailers and mobile vendors are investing in mobile Augmented Reality apps and services, with global revenues expected to approach $1.5 billion by 2015."
Quelle: Juniper Research 2011 Mobile Augmented Reality, Opportunites, Forecasts & strategic Analyses 2011–2015

Einsatz von Mobile Devices über die Jahre:
80er/90er-Jahre: Sprachtelefonie
90er/00er-Jahre: ergänzt um Messaging
Seit 2010: mobile Apps
Quelle: [x]cube labs

„56 Prozent der Information Worker verbringen ihre Zeit außerhalb des Büros."
Quelle: Cisco

„Top-3-Gründe für die Nutzung von Mobilitätslösungen sind höhere Mitarbeiterproduktivität, verbesserte Reaktionsfähigkeit und damit schnellere Entscheidungsfindung, verbesserte Zusammenarbeit."
Quelle: Forrester Consulting Juni 2012. Studie: „Der Arbeitsbereich der nächsten Generation – mobil, flexibel, virtualisiert"

„Die Tablet-Verkäufe haben PC-Verkäufe bereits drei Jahre nach Einführung überholt."
Quelle: Morgan Stanley 04/2013

„Social Media gewinnt im Vertrieb an Bedeutung. Die wichtigste Zielgruppe sind dabei Kunden und Interessenten, die mehr als die Hälfte (58 bzw. 57 Prozent) der Unternehmen auf diesem Weg ansprechen. Und rund ein Drittel (31 Prozent) nutzt Social Media zum Austausch mit Vertriebspartnern. Die wichtigste Plattform für die befragten Unternehmen ist das Business-Netzwerk Xing, an zweiter Stelle kommt das soziale Netzwerk Facebook gefolgt von der Videoplattform YouTube."
Quelle: Bitkom 08/2013

INTERVIEW
DI Michael Korbacher
Google
Head of Enterprise DACH (Germany, Austria & Switzerland)

Wie kann man mit smarten Devices (Tablet, Smartphone) den Verkaufsprozess revolutionieren?

Sie revolutionieren den Verkaufsprozess bereits: Nutzer suchen mit mobilen, smarten Geräten von überall und jederzeit nach relevanten Informationen, die ihre Kaufentscheidung beeinflussen. Unternehmen haben bereits darauf reagiert und bieten mobile Lösungen an, die ihren – potenziellen – Kunden dabei helfen, schneller und leichter Kaufentscheidungen zu treffen. Lassen Sie mich ein Szenario skizzieren: Ein Außendienstmitarbeiter einer Solarmodul-Firma für Einfamilienhäuser möchte seinen Kunden direkt an der Tür von seinem Angebot überzeugen. Mit seinem Smartphone in Verbindung mit beispielsweise Google Maps kann er das Haus des Kunden vor Ort direkt vermessen und die Auflagefläche bestimmen – dank mobilem Zugriff auf die Google-Maps-Satellitendaten. Darauf aufbauend wählen Kunde und Verkäufer die passenden Solarmodule aus und kalkulieren direkt den Preis – auf dem mobilen Gerät, ohne Berechnungen auf dem Papier, ohne Broschüren, ohne mehrfach hin- und herfahren zu müssen. Die Kostenersparnis und die Effizienz, von denen beide Seiten profitieren, liegt meines Erachtens auf der Hand.

Wie stark nutzen Sie Social Media für den Vertrieb?
Eines ist klar: An den sozialen Medien wie Google+, Facebook, Xing, Twitter und LinkedIn kommt kein Unternehmen mehr vorbei. Auch der Vertrieb nicht. Sie werden – auch von uns – immer häufiger genutzt, um mit bestehenden Kunden in Kontakt zu bleiben, potenzielle Neukunden zu identifizieren und um über Produkte zu informieren. Aber natürlich auch, um auf dem Laufenden zu bleiben.

Welche Auswirkungen haben Social Media auf traditionelle Vertriebskanäle?
Soziale Medien erleichtern die schnelle, direkte Kommunikation mit bestehenden und neuen Kunden, der Austausch miteinander ist direkter. Unsere Erfahrung zeigt zudem, dass ihre Nutzung im Einladungsmanagement sinnvoll ist. Jedoch denke ich, dass soziale Medien die traditionellen Vertriebskanäle unterstützen und sie beflügeln. Sie machen sie jedoch nicht obsolet.

● ●

● ●

INTERVIEW
DI Dr. Rudolf Hammerschmid
Rosenbauer International AG
Geschäftsführer Geschäftsbereich Kommunalfahrzeuge

Nutzt Rosenbauer mobile Endgeräte (z.B. Smartphones, Tablets), um den Vertrieb damit zu unterstützen?
Rosenbauer nutzt Smartphones als wichtigen Baustein im Projektgeschäft. Neben der verbalen und E-Mail-Kommunikation sind neben den CRM-Informationen auch Zusatzinformationen über den Kunden, wie z.B. Umsätze, abrufbar. Der Vertrieb verwendet Laptops, da sie dort alle benötigten Programme laufen haben und auch alle Produktpräsentationen, unterstützende Materialien etc. Dadurch ermöglichen wir eine flexible Arbeitsweise, die besonders im Vertrieb sehr wichtig ist, indem man einerseits bei Kundenterminen direkt auf wichtige Daten zugreifen kann und andererseits die Kundenbetreuer die Zeiten zwischen den verschiedenen Kundenbesuchen optimieren können.

Social Media wird eher im Marketing genutzt, im täglichen Vertrieb noch wenig. Die Kunden von Rosenbauer sitzen in ihrer Bereitschaft oft beim PC und beschäftigen sich mit Social Media.

Ersetzt Ihrer Meinung nach ein Tablet (z.B. iPad) im Verkaufsprozess das Notebook?
Der Laptop ist ein gutes Werkzeug, den ein iPad nach meiner Einschätzung noch nicht in unserem Alltag ersetzen kann. Diese Substitution wird meiner Meinung nach nicht generell, sondern nur selektiv, das heißt vom jeweiligen Verkaufsprozess abhängig erfolgen.

Meiner Einschätzung nach ist das iPad eine Zwischenlösung, das gewisse nicht zu unterschätzende Vorteile bietet, aber einen Laptop einfach nicht ersetzen kann. Daher werden entweder Smartphones mächtiger und leistungsstärker werden oder es werden sich Laptops mehr zum Tablet wandeln. Ich denke jedoch, dass sich am ehesten Laptops weiterentwickeln werden und damit Tablets bald nicht mehr benötigt werden.

Welche Bedeutung haben CRM-Systeme in der Zukunft und was sollen sie speziell unterstützen?
Der Begriff CRM wird in der Praxis sehr unterschiedlich verstanden. Insofern kann er nur individuell diskutiert werden – insbesondere unter Berücksichtigung der Geschäftstypspezifika.

Grundsätzlich sollte in Zukunft mit einem CRM-System eine vernetzte Kommunikationsplattform bereitgestellt werden, die jedoch den Individuen im Vertrieb noch einen flexiblen Handlungsspielraum erlaubt und „nicht maximal systemgesteuert ist". Ein CRM-System kann für den Vertrieb ein mächtiges Tool sein. Es lebt davon, dass es gepflegt wird. Das bedeutet, dass die Daten darin immer aktuell gehalten werden müssen. Um dies zu gewährleisten, muss es auch außerhalb des Unternehmens mit Daten gefüttert werden können und die Usability muss sich stark an den Anforderungen der Benutzer orientieren. Einkauf und Sales arbeiten mit Partnern zusammen, dazu haben sie ein Lieferanten- und ein Händlerportal. Diese Portale dienen hauptsächlich der Kommunikation.

Produktion und Forschung & Entwicklung

Der Leiter des Bereiches Produktion und F&E hatte ihr gegenüber Platz genommen und ordnete seine Unterlagen. Wie immer unterstrich ein perfekt sitzender Maßanzug sein überaus seriöses Auftreten. Sein jungenhaftes Gesicht wurde gerahmt durch eine kleine Brille und stand in scheinbarem Widerspruch zu seinem sonstigen Gebaren. „Er ist das beste Beispiel dafür, dass man sich eben nicht nur auf Äußerlichkeiten verlassen darf", dachte Viktoria bei sich. Denn trotz seines jugendlichen Aussehens war Paul Friedrich Ender ungefähr so alt wie sie und leitete mit überaus sicherer Hand einen der größten Bereiche im Unternehmen. „Darf ich Ihnen nachschenken?", fragte er und deutete auf ihr leeres Wasserglas. Gespräche und Termine mit ihm liefen sehr höflich und ruhig ab, waren jedoch stets geprägt von einer klaren Offenheit, was Viktoria sehr schätzte. Und doch konnte er auch sehr deutlich werden und konfliktbehaftete Themen beharrlich zu Ende bringen. Eine Eigenschaft, derer man rasch gewahr wurde und die sicherlich dazu beigetragen hatte, dass er sich in kürzester Zeit gehörigen Respekt verschafft hatte. Sie erinnerte sich noch an ihre Zweifel, ob sich jemand mit seinem jungenhaften Aussehen in diesem Bereich behaupten würde können. Doch bereits kurze Zeit später waren all ihre Zweifel zerstreut gewesen.

„Der kritische Erfolgsfaktor in meinem Bereich sind die Produktionskosten", ging er sofort in medias res. „Und damit meine ich zunächst die Personalkosten, dann die technischen Entwicklungskosten für Prototypen, Testreihen etc." Paul Friedrich Ender bezeichnete es als laufende Herausforderung, nach Möglichkeiten zu suchen, diese Kosten zu senken. Insbesondere, da es Mitbewerber gab, die an diesen Kosten weit weniger schwer zu tragen hatten.

Er sprach insbesondere Alternativanbieter in Fernost an, die mit weitaus geringeren Personalkosten Preise anbieten konnten, mit denen mitzuhalten kaum möglich war. „Man sollte auf den ersten Blick meinen, dass diese geringeren Personalkosten durch höhere Transportkosten wieder aufgefressen würden", sagte er, „doch weit gefehlt. Wenn Sie Ihre Ware mit Superfrachtern, die alle paar Tage Richtung Europa losfahren, verschicken, wobei die jeweiligen Transportkosten im Cent- oder niedrigen Euro-Bereich liegen, ist es wirklich egal, ob Sie Ihre Ware in Fernost oder in Österreich produzieren lassen. Was allerdings nicht egal ist, sind die Personalkosten. Die Personalkosten sind in Österreich fünf- bis zehnmal so hoch wie in Fernost. So ganz genau lässt sich das nicht sagen, da es hier keine absolut zuverlässigen Statistiken gibt. Aber Facharbeiterlöhne von drei US-Dollar pro Stunde sind in China und Indien durchaus noch verbreitet, auch wenn es in China gerade viel Bewegung beim Thema Lohnkosten gibt. Die Differenz ist weiterhin enorm groß."

Zu Viktorias großer Überraschung berichtete er auch davon, dass Onlinekanäle eine immer größer werdende Rolle spielten. „In unserem Geschäft?", zweifelte sie. Paul erzählte, dass einer seiner Kollegen Produktionsmaschinen online direkt in China gekauft und dadurch die Anschaffungskosten erheblich reduziert habe. Andererseits würden auf der Absatzseite die Handelspartner offenbar immer mehr ihre Scheu verlieren und zunehmend Produktanbieter aus Fernost in Betracht ziehen. Das erhöht den Kostendruck. „Wenn wir an dem Thema Produktionskosten nicht permanent feilen und entwickeln, kann sich das sehr schnell als massiver Hemmschuh für unsere Wettbewerbsfähigkeit herausstellen", fügte er die Details zusammen.

Qualität, Geschwindigkeit und Flexibilität

Und ebenso schnell, wie er sie zum Kern des Problems geführt hatte, führte er sie zur Lösung weiter. „Natürlich optimieren und reduzieren wir unsere Kosten, wo es uns möglich ist, aber irgendwann geht es einfach ums Eingemachte", sagte er, um zu verdeutlichen, dass irgendwann die Kosten nicht mehr weiter gesenkt werden könnten, ohne dass dies Auswirkungen auf die gesamte Leistungsfähigkeit des Unternehmens hätte. „Die großen Herausforderungen liegen in den Termini Qualität, Geschwindigkeit und Flexibilität. Mit dieser Kombination können wir die Kostenthematik bei unseren Abnehmern abfedern und relativieren. Ich will damit sagen, dass wir natürlich unsere Produktionskosten im Griff haben müssen. Sind die überdurchschnittlich hoch, leidet unsere Wettbewerbsfähigkeit nachhaltig darunter. Aber der Preisdruck lässt sich etwas mildern, indem man auf Qualität, Geschwindigkeit und Flexibilität setzt." „Bitte erklären Sie das genauer", forderte Viktoria ihn auf. Er brachte als Beispiel eine spanische Modekette, die sich darauf spezialisiert hatte, die großen Trends in den wichtigsten Modezentren direkt von den Laufstegen weg zu kopieren und innerhalb kürzester Zeit in Europa zu produzieren. Das verschaffte ihr einen zeitlichen Vorsprung von ein paar Wochen vor jenen, die zwar billiger in Fernost produzierten, aber dann natürlich durch den Transport Zeit verloren. Der Erfolg der Modekette war unter anderem dadurch begründet, dass sie den Fashionistas die neuesten Trends der Laufstege innerhalb weniger Tage zu ansprechender Qualität und auch zu leistbaren Preisen ins Geschäft brachte.

Wieder mehr auf den Geschäftskundenbereich bezogen führte Herr Ender aus, dass man mit entsprechend hoher Qualität natürlich Produktionskosten bis zu einem gewissen Maß rechtfertigen konnten, was Viktoria einleuchtete. „Was nichts kostet, ist auch nichts wert", fiel ihr ein, aber sie fragte sich, wo der entscheidende Punkt war, an dem Kunden sich dann doch für den Anbieter mit dem niedrigeren Preis zulasten der Qualität entschieden, und ob dieser Punkt nicht immer rascher erreicht wurde in einer Gesellschaft, in der Konsum vorrangig war und Beständigkeit und Qualität oftmals den Kürzeren zogen.

Intelligenter Fischschwarm

„Es ist die Kombination aus Qualität, Geschwindigkeit und Flexibilität, die wir ausspielen müssen", sagte Paul Friedrich Ender, als hätte er ihre Gedanken erraten. „In unserem Fall können wir leider dem Beispiel der spanischen Modekette nicht so einfach folgen. Wir haben eine klassische Linienproduktion mit langen Rüstzeiten, wenn wir zwischen Produkt A und Produkt B wechseln. Die Frage ist, wie können wir bei den Rüstzeiten ansetzen und hier schneller und damit flexibler werden? Die Antwort liegt im Digitalisierungs- und Automatisierungsgrad unserer Produktion. Im optimalsten aller Fälle sprechen wir hier von vollständig computergesteuerter Fertigung mit zentralisierter Programmierung, bei der alle Werkzeugwechsel vollständig automatisiert ablaufen. Wir sprechen von Flexibilisierung, und damit meine ich eine weitere Forderung an die Produktion – nämlich die Kapazitäten rasch anzupassen. Läuft es nicht so gut, müssen die Kapazitäten nach unten geschraubt werden. Und umgekehrt. Wir können also den Preisdruck auf uns mindern, indem wir schneller und flexibler werden und gleichzeitig höchste Qualität anbieten. Forderungen, die ein klassischer Produktionsbetrieb nicht erfüllen kann", sagte er, um rasch hinzuzufügen: „nicht alleine erfüllen kann".

„Was wollen Sie vorschlagen?", fragte die Geschäftsführerin mit gerunzelter Stirn, „dass wir uns in der Produktion mit anderen Unternehmen zusammentun? Aber wir arbeiten doch schon seit Jahren mit Sublieferanten."

„Das oder zumindest etwas sehr Ähnliches schlage ich vor", sagte er. „Und es ist genau, wie Sie sagen: Wir arbeiten bereits seit Jahren mit Sublieferanten. Allerdings sind wir noch viel zu …", er suchte nach dem richtigen Wort, „autark, was die Zusammenarbeit betrifft. Unser Grad der Vernetzung mit diesen Sublieferanten, die Sie angesprochen haben, muss weitaus höher werden und bei weitem über den Punkt hinausgehen, dass wir eines Tages eine Anfrage bei ihnen stellen, sie etwas für uns produzieren und bereitstellen, und der Kontakt dann wieder ruht, bis wir die nächste Anfrage stellen. Wir benötigen nicht nur ein Outsourcing von Teilen der Produktionskette für die entsprechende Qualität und Flexibilität, wir benötigen auch eine laufende und engmaschige Vernetzung mit diesen Lieferanten, die wesentlich über die Art der Zusammenarbeit, wie wir sie derzeit pflegen, hinausgeht", erklärte Paul Ender seine Sichtweise. Das alles muss aber unter der Prämisse laufen, dass unser Know-how geschützt bleibt, speziell wenn Teile der Produktion im Ausland vonstattengehen. Er sprach davon, dass die Firma mit den Systemlieferanten, wie er sie nannte, sowohl IT-technisch als auch hinsichtlich strategischer Planung und Finanzierung eine enge Verbindung eingehen sollte. „Was meinen Sie damit konkret?", hakte sie nach. „Wir bauen also einen Teil des Produktes, zeitlich abgestimmt liefert ein Systemlieferant einen weiteren Teil, und anschließend finalisieren wir das Produkt. So weit so gut, aber wie soll eine Einbindung in die strategische Planung und Finanzierung erfolgen? Was planen und finanzieren wir gemeinsam?" Paul Ender sprach von einer stärkeren Integration zum Beispiel des Lagerbestandsmanagements. „Bei der Herstellung eines bestimmten Produktes liefert uns ein Systemlieferant immer dieselben Module zu. Wenn wir nun Einblick in unsere Lagerstände geben, sieht der Lieferant, dass sein Produkt, also das Modul, nahe am Meldebestand angelangt ist, und liefert sofort neu aus. Ohne, dass wir ihn beauftragen müssen. Und da wir gemeinsam planen, was wir in den nächsten Monaten und Jahren zu produzieren gedenken, kann er sich auch mit seiner Liefermenge darauf einstellen. Er wird genau die Menge bereitstellen, die wir benötigen, und aufgrund der gemeinsamen Planung wird er das so rasch tun, dass wir wiederum bei unseren Kunden einen Geschwindigkeitsvorteil generieren können. Ich spreche von offenen Büchern, wenn Sie so wollen. Ein wirklich partnerschaftliches Verhältnis, in dem wir technisch, prozessual und gerne auch über die Ressource Mensch miteinander verbunden sind. Als solche Partner können wir uns auch in Finanzierungsfragen gegenseitig unterstützen – sei es in Form von klassischen Vorfinanzierungen oder Finanzierungsbeteiligungen, was F&E betrifft." Dadurch entstünden Produktionscluster von Unternehmen, wie Paul es nannte, die sich schneller an Marktgegebenheiten anpassen könnten. Diese wären besser in der Lage, Kapazitäten anzupassen und neues Know-how zu integrieren, und könnten somit viel schneller auf Veränderungen im Markt reagieren. So entstünde am Ende ein eng vernetztes Unternehmenscluster, das aber wie eine Firma funktionierte. „Sagen wir einmal, so ein Unternehmenscluster agiert im Markt quasi wie ein Fischschwarm."

Digitale Medien in der Fabrik

„Und wenn wir von Veränderungen sprechen – in unserer Firma sind große Veränderungen erforderlich, wenn wir dem Markt- und Preisdruck standhalten wollen", kündigte Paul an, um die Geschäftsführerin gleich tiefer in die

Materie zu ziehen. Die Produktion würde stärker IT-lastig arbeiten müssen, eine stärkere Digitalisierung und Automatisierung führten zu Geschwindigkeits- und Flexibilitätsgewinnen in der Produktion. Er sprach davon, dass in der Vergangenheit mit sehr aufwändigen Produktionsmaschinen mit noch aufwändigeren PCs, die manuell vor Ort programmiert werden mussten, gearbeitet wurde. Es gab eigene Rechner, eigene Bildschirme, alles sehr überdimensional groß und sehr teuer. Heute, so versicherte Paul Ender, waren Maschinen hochgradig miteinander vernetzt und die Programmierung verlief zentral. „Tablet PCs und Apps halten verstärkt Einzug in so bodenständige Gebiete wie die Produktion", prophezeite er. „Tablet PCs, da waren sie wieder", dachte Viktoria, „ich bin sicher, jetzt holt er gleich sein privates Tablet-Gerät aus der Tasche." Doch der Produktions-und-F&E-Leiter tat nichts dergleichen, sondern begann seine Aussage mit Beispielen und Anwendungsfällen zu untermauern.

Verbesserung der Instandhaltungsprozesse

„Ich denke, hier können wir auch bei Themen wie der Instandhaltung und Wartung der Maschinen gute Erfolge erzielen. Derzeit sind diese Prozesse sehr sensibel, denn wenn eine Maschine aufgrund eines Defektes oder aufgrund einer falschen Wartungsmaßnahme ausfällt und stillsteht, kostet uns das schnell riesige Summen. Mit einer entsprechenden App können wir hier ansetzen, um Fehler zum Beispiel in der Wartung zu vermeiden, etwa, dass das falsche Maschinenöl verwendet wird. Es sollte auch möglich sein, kleine Abnutzungen, die schon bald zu einer Störung führen, früh zu erkennen und zu beheben, sodass es zu keiner Unterbrechung in der Produktion kommen muss. Diese Informationen sind sinnvollerweise bei den Mitarbeitern, die mit Störungsbehebung und Wartung betraut sind, am besten aufgehoben. Denn die Reduktion des Ausfallrisikos ist ein großes Thema. So ist die Mensch-Maschine-Kommunikation kein Privileg der Meister und der Produktionsplanung mehr, sondern alle Mitarbeiter sind in die Abstimmung und Planung eingebunden – natürlich unter der Letztkontrolle und Freigabe des jeweiligen

Vorgesetzten", fügte Paul Ender hinzu. „Die Lohnkosten sind ein massiver Treiber, die letztendlich stark über die Steigerung der Produktivität beeinflussbar sind", sagte er. Es galt daher, die Belegschaft noch optimaler auszulasten. Dies gelang, wie er empfahl, über ein verstärktes Maß an Selbstorganisation und durch eine verbesserte Kommunikation im Betrieb. Er sprach von visionären Ideen wie dezentraler Verantwortung und dass zum Beispiel die Mitarbeiter ihre Schicht- und Arbeitszeiten mittels einer App auf ihrem Smartphone selber leichter tauschen könnten. „Aber wenn alle ihre Schichten selber eintragen, entsteht da nicht ein massives Chaos, werden sich dann nicht einige die besten Schichten herauspicken und sich niemand mehr für die Nacht- und Wochenendschichten melden?", wandte die Geschäftsführerin ein. Er bezeichnete das als sozialen Prozess, der sich selber regulieren würde. Kollegen würden sehr schnell reagieren und eingreifen, sollte sich einer von ihnen immer nur die besten Dienste heraussuchen, während der Rest von ihnen an weniger günstigen Zeiten arbeiten musste. „Diesem Druck könnte man nicht leicht standhalten", sagte Paul und erklärte, dass es außerdem ja noch Zeit- und Aufgabenprotokollierungen gab. Wenn also das soziale Gefüge solche Ungleichheiten nicht regeln konnte, dann konnte es der Vorgesetzte anhand der Aufzeichnungen.

Digitale Welten daheim

„Was ich vorhin noch anmerken wollte", unterbrach sie ihn. „Ich denke nicht, dass alle unsere Mitarbeiter in Ihrem Bereich ein Smartphone besitzen, und noch weniger denke ich, dass wir als Unternehmen nun deshalb alle Mitarbeiter mit Smartphones ausstatten werden." „Selbstverständlich werden wir das nicht", sagte Paul Friedrich Ender höflich, „doch ich habe mich erkundigt, und es ist davon auszugehen, dass entgegen aller Erwartungen tatsächlich nahezu alle unsere Facharbeiter in der Produktion ein privates Smartphone besitzen. Allein schon aufgrund der Tatsache, dass man in den Geschäften kaum mehr andere Handys bekommt. Und ich denke, es geht weit über Smartphones hinaus. Ich habe Ihnen hier ein Prospekt eines bekannten Diskonters mitgebracht." Er bückte sich, fischte ein mehrseitiges Werbeblatt aus seiner Tasche und legte es vor sie hin. Darauf wurde ein hochwertiger Sieben-Zoll-Tablet-PC mit HD-Multitouch-Display, leistungsstarkem Prozessor, großer Speicherkapazität, zwei integrierten Kameras und vielen weiteren Features angepriesen. Die große Überraschung war der Preis, der bei 99,99 Euro pro Stück lag. „Wirklich ein tolles Angebot", dachte Viktoria, „wahrscheinlich wird dieses Gerät Einzug in viele Haushalte und Familien gehalten haben." Er fuhr fort: „Es ist denkbar, dass insbesondere die Facharbeiter in der Produktion, die technisch ohnehin sehr interessiert sind, privat ein Smartphone, ein Tablet oder einen PC nutzen. Es spielt aber auch keine so große Rolle. Am Ende wird ein Maßnahmenmix nötig sein. Wir stellen eine App für Smartphones zur Verfügung und installieren in der Produktion Infoterminals, über die alle Facharbeiter Zugang zur selben App bekommen. So kann es funktionieren. Wenn man die App dann zum Beispiel auch noch am privaten Handy nutzen kann, ist das ein Add-on. Wir werden sehen, wie es sich entwickelt."

Mehr Leistungsbereitschaft durch Selbstverantwortung

„Diese Kommunikation kann man auch nutzen, um Ideen für Verbesserungen zu liefern und das auch zu belohnen. Denn die besten Ideen kommen ja von den Mitarbeitern. Steve Jobs sagte einmal, dass es Fakt ist, dass die meisten Kunden nicht wirklich sagen können, was ein neues Produkt können soll. Auch Henry Ford meinte, wenn er seine Kunden nach ihren Wünschen gefragt hätte, dann hätten sie ein schnelleres Pferd verlangt", sagte Paul Ender.

„Und welchen Produktivitätshebel erwarten Sie sich, wenn die Mitarbeiter ihre Dienste selber einteilen und nicht mehr eingeteilt werden?", fragte die Geschäftsführerin nach. „Wenn sich die Leute selber organisieren, können sie auch schneller Änderungen vornehmen. Nehmen wir etwa eine Sonderschicht, die eingeschoben werden muss, oder ein Arbeiter fällt krankheitsbedingt aus. In diesem Fall muss der Betreffende einfach nur eine SMS oder eine E-Mail an alle verschicken, und die Kollegen können ihre Schichten tauschen oder sich neu eintragen. Wenn früher jemand krankheitsbedingt ausgefallen ist, war das meist eine kurzfristig auftretende Angelegenheit, die man kaum planen konnte. Früher hatten wir deutliche Schwierigkeiten, diese Lücke zu füllen, jemand anderen zu finden, der einspringen konnte, und oft konnten wir so rasch auch keinen Ersatz auftreiben. Durch diese Selbstorganisation über App und Smartphone reagieren die Leute selber und sehr zeitnah auf solche Ausfälle. Wir brauchen also nicht mühsam herumtelefonieren, ob ein anderer einspringen kann, und die Mitarbeiter sind weitaus zufriedener, weil sie auch in der Produktion nun so arbeiten können, wie es ihre persönlichen Lebensumstände erlauben. Das Doodle-Prinzip für die Produktion macht es möglich."

„Auch in der Produktion im Betrieb selbst sollten Smartphones und Tablets eingesetzt werden, um schneller und flexibler arbeiten zu können. Ein erster Schritt wäre mit so einer Selbstorganisations-App, wie ich sie gerade skizziert habe, getan", sagte Paul. „Ja. Wenn Sie zusätzlich daran denken, auch Infoterminals in der Produktion aufzustellen, die den Zugang zu der App ermöglichen", merkte sie an. „Gehen wir einmal nicht davon aus, dass die Welt wirklich schon so hypermodern ist, dass all unsere Facharbeiter bereits über den entsprechenden Elektronikbauchladen verfügen und es sich leisten können oder wollen. Da sollten wir vorsichtig sein."

Aufmerksam hatte der Produktionsleiter registriert, dass seine Chefin begonnen hatte, in Gedanken das Konzept zu verfeinern. Es ging also nicht mehr um das grundsätzliche Ob. Daher hängte er gleich den nächsten Gedanken an: „Ja, das ist ein wichtiger Gedanke. Wenn wir das gut machen, dann ist ein weiterer Schritt, den Mitarbeitern Informationen über Magazinstände, Maschinenbelegung und Produktionsstände über ihre eigenen Geräte und Infoterminals in der Produktion zur Verfügung zu stellen."

Lieferbetriebe im digitalen Produktionsnetzwerk

Er ging außerdem davon aus, dass sich auch die Zusammensetzung der Belegschaft im Produktionsbereich schrittweise ändern würde. Hier kam er wieder auf die Vernetzung der Lieferanten zu sprechen, die auch dahingehen würde, dass eben auch deren Mitarbeiter auf Projektbasis „in unserem Unternehmen mitarbeiten. So wie ich die Zukunft sehe, werden wir mit anderen Unternehmen und Lieferanten so eng zusammenarbeiten, dass es fast eigenartig anmuten würde, wenn wir nicht auch unsere Spezialisten immer wieder in den Unternehmen unserer Partner einsetzen würden. Es wird kein ,ihr' mehr, sondern nur mehr ein gemeinsames ,wir' geben. Wir planen gemeinsam, legen unsere Strategien gemeinsam fest, kämpfen gemeinsam um Aufträge und Projekte und entwickeln und produzieren auch gemeinsam", sagte Paul Ender. „Google in London macht das zum Beispiel auch. Die Zentrale wurde für Partnerunternehmen geöffnet, die ihre Arbeitsplätze teilweise permanent oder projektbezogen dorthin verlagern. Dort wird dann gemeinsam programmiert und entwickelt. Vordergründig könnte man sagen, dass Google mit uns wirklich nichts zu tun hat. Aber eigentlich ist die Tätigkeit unserer Facharbeiter bereits heute durch einen hohen Anteil an Wissensarbeit geprägt. Und dieser Anteil wird weiter anwachsen, wie unsere Diskussion ja gerade in vielen Punkten gezeigt hat. Daher wage ich es durchaus, den Vergleich zu ziehen."

Es entstand eine angeregte Diskussion zwischen dem Bereichsleiter und der Geschäftsführerin. Sie stimmte grundlegend mit ihm überein, war aber in einigen Punkten dann doch anderer Meinung und befürchtete vor allem, dass solche starken Vernetzungen zwischen Partnern zu einer starker Abhängigkeit und zu einer zu hohen Transparenz führen könnte, mit dem Risiko, Wissen zu verlieren. Außerdem war Betriebsspionage in einigen Ländern ein großes Thema. „Wenn wir uns in puncto Strategie so offen in die Karten sehen lassen, machen wir uns damit unnötig angreifbar", vertrat sie ihre Meinung. Paul Ender entgegnete, dass es ja einerseits nicht um die Offenlegung der gesamten Unternehmensstrategie ginge und dass andererseits die Strategie in puncto Produktion nicht offengelegt, sondern gemeinsam entwickelt würde, wodurch wiederum alle Partner daran beteiligt wären.

Heftig diskutierten sie auch die Selbstorganisationsthematik der Mitarbeiter, und wie weit man dieser stattgeben sollte. Für die Geschäftsführerin klang das alles nach „Wir haben uns alle so lieb und wollen gegenseitig nur das Beste", was sie dem einen oder anderen durchaus zutraute, aber als generelle Ansicht dann doch sehr kritisch sah. Sie einigten sich darauf, im ersten Schritt mit einer App für Verbesserungsideen zu beginnen und einen Piloten in ein oder zwei Produktionsteams zu starten. Abhängig von deren Erfolg wollten sie dann weitere Vorstöße wagen.

Ressourcenzugang für die Forschung

Das Thema Produktion war der erste Punkt auf ihrer Agenda. Doch ebenso gewichtig war der zweite Punkt, den sie sich vorgenommen hatten. „Ich darf Sie nun bitten, Ihre geschätzte Aufmerksamkeit dem zweiten Herzstück meines Bereiches zuzuwenden: der Forschung & Entwicklung", leitete Paul Ender ein.

In diesem Bereich bekam die Firma den Fachkräftemangel besonders stark zu spüren. Dieser Effekt wurde durch den Unternehmensstandort, der sich in einem eher ländlichen Gebiet befand, noch verstärkt.

„Noch vor zehn Jahren hätte ich Ihnen vorgeschlagen, den F&E-Standort in ein Ballungszentrum zu verlegen. Mit den heutigen Möglichkeiten der Kommunikation und Kollaboration auch über weite Distanzen hinweg eröffnen sich jedoch ganz neue Lösungsmöglichkeiten, und der Bereich Forschung & Entwicklung kann als Netzwerk von – wie ich sie nenne – ‚Entwicklungshubs' neu aufgestellt und organisiert werden." Und noch bevor Viktoria ihre Frage formulieren konnte, erklärte er, dass er mit Entwicklungshubs kleine Entwicklergruppen meinte, die man in Ballungszentren oder in Ländern und Gegenden mit hohem Fachkräfteanteil aufbaute; dabei könnte man derzeit auch die hohe Arbeitslosigkeitsquote in vielen dieser Regionen in Europa nutzen. „Und warum Entwicklungshubs? Dann können wir doch gleich auch auf Home Working setzen?", zischte die Geschäftsführerin mit einem leicht sarkastischen Unterton. „Es gibt tatsächlich Dinge, die im Home Office überhaupt nicht funktionieren", sagte Paul Ender mit einem leichten Lächeln auf den Lippen, „und eines davon ist unsere Forschung und Entwicklung. Wir brauchen eine professionelle Infrastruktur wie 3D-Laserplotter für die Erstellung von Prototypen oder Mock-ups, spezielle Bildschirme und Arbeitsplätze, die mit zwei oder drei Bildschirmen ausgerüstet sind. Außerdem benötigen wir große Bandbreiten für die Datenübertragung. All das ist im typischen privaten Zuhause kaum möglich. Wir müssen den Mitarbeitern also diese Infrastruktur an einem bestimmten Ort zur Verfügung stellen. Und zwar am besten dort, wo viele Mitarbeiter sind, die die Fähigkeiten haben, für uns diesen Job zu übernehmen. Lassen Sie mich bitte ein aktuelles Beispiel bringen. In Spanien oder auch Griechenland ist die Jugendarbeitslosigkeit enorm hoch. In anderen Regionen ist das ähnlich. Diese jungen Leute sind jedoch top ausgebildet und wollen arbeiten. Natürlich können wir jetzt warten, bis sie zu uns kommen. Doch es wird wahrscheinlich trotzdem nur ein bestimmter Prozentsatz der jungen Menschen so mobil sein, dass sie ihre Heimatregion verlassen. Und wir würden so vielleicht einem Mitbewerber das Feld überlassen.

Coworking Space statt eigenes Büro

Die Alternative ist, unsere Forschung & Entwicklung zu den Menschen zu bringen – also vor Ort ein oder mehrere Büros aufzubauen. Also genau dort, wo die jungen Leute zu Hause sind. Wir lassen sie dort für uns arbeiten. Für solche kreativen Prozesse braucht man auch ein physisches Miteinander. Ich denke da an ein Kleinbüro für fünf bis zehn Leute mit professioneller Ausstattung und breitbandigem Internet. Oder wir nutzen gleich einen der Tausenden Coworking Spaces, die in allen europäischen großen Städten wie Pilze aus dem Boden schießen. Denn ein Büro zu betreiben ist nicht unsere Kernkompetenz. Dann machen wir das auch nicht. Die Leute arbeiten dann mit uns in der Zentrale zusammen. Und wir profitieren sogar noch von den persönlichen sozialen Netzwerken der Menschen vor Ort. Denken Sie nur, alles top ausgebildete Profis, die arbeits- und erfolgshungrig sind und natürlich viele andere kennen, denen es ähnlich geht. Man müsste es schon fast als Versäumnis bezeichnen, wenn wir hier nicht entsprechend reagieren. Und wie schon gesagt, mit den heutigen Möglichkeiten an Kommunikation und Zusammenarbeit ist die Distanz zwischen Madrid, Athen und uns nur mehr ein Wimpernschlag", sagte Paul euphorisch.

Wirtschaftliche Vorteile durch vernetztes Arbeiten

Er hob außerdem noch die deutlich geringeren Lohn- und Gehaltskosten in Ländern und Gegenden mit schwächerer wirtschaftlicher Entwicklung und hoher Arbeitslosigkeit hervor. „Wieder ein Aspekt, der uns helfen kann, den Preisdruck auf uns zu minimieren", sagte Paul.

Auf diesem Wege empfahl er, rund um den zentralen etablierten Unternehmens- und F&E-Stammstandort eine Reihe dieser Entwicklungshubs aufzubauen, die dann miteinander vernetzt arbeiten konnten. Die Frage, ob er auch einen Schritt in eine andere Zeitzone empfehlen würde, verneinte er und sagte, er könne es nur empfehlen, wenn es sachdienlich wäre, unter hohem Zeitdruck F&E-Arbeiten im Schichtbetrieb zu leisten. „Bei Konstruktionsarbeiten macht das vernetzte Arbeiten von Entwicklungshubs in Europa, Asien und USA Sinn, wenn man es versteht, so die Zeitverschiebung zu nutzen und daraus Gewinn zu schlagen. In unserem Falle wäre aber ein Fokus auf Europa zweckdienlich, wo Zeitverschiebung, wenn überhaupt, nur ein sehr kleines Thema ist. Alles andere wäre sehr aufwändig zu managen", gab er zu. Er erwähnte außerdem noch neben der entsprechenden Hardware die Wichtigkeit der technischen Werkzeuge, also den Einsatz adäquater IT-Tools wie Videoconferencing und Online Collaboration Tools. „Nur durch sie können wir auch unabhängig vom Stammstandort gutes F&E betreiben, von dem das Unternehmen profitiert."

Als Paul Friedrich Ender die Türe des Büros hinter sich schloss, hatte er den Auftrag in der Tasche, in den nächsten zwei Wochen konkrete Vorschläge für solche Entwicklungszentren vorzulegen.

Die Geschäftsführerin lehnte sich zurück und atmete tief durch, während sie ihre Notizen ordnete.

● ●

TERMIN MIT PRODUKTION UND F&E

➜ Onlinekanäle gewinnen an Relevanz auch im B2B-Bereich

➜ Geschwindigkeit, Qualität und Flexibilität als Stellschrauben, um höheren Produktionskosten entgegenzuwirken

→ Digitalisierung und Automatisierung als wichtige Maßnahmen zur Effizienzsteigerung

→ Verbesserung der Supportprozesse → Reduktion von Ausfallsrisiken

→ Engere Verschränkung mit Zulieferern und Partnern bei Strategie, Planung und Finanzierung. Gegenseitig Einblick gewähren, z.B. in Lagerbestände. Gemeinsame Planung des zukünftigen Marktes und gemeinsames Ableiten von Handlungen

→ Mehr Selbstverantwortung und Selbstorganisation für Mitarbeiter → Schichten selber einteilen

→ Betriebsspionage als große Gefahr in Netzwerken

→ Starker Fachkräftemangel im F&E. Möglicher Lösungsvorschlag: Entwicklungshubs in Ländern mit hohem Fachkräfteanteil bzw. in wirtschaftlich schwächeren Regionen → Vorteil: geringere Personalkosten

Alternative dazu: Coworking Spaces nutzen → Konkrete Vorschläge dafür in zwei Wochen. Auftrag an Paul Ender gegeben

•••

„Unglaublich, welche Mengen an Information von den Bereichsleitern gekommen sind. Und bereits in den Terminen haben wir viel weitergebracht." Viktoria dachte dabei an die vielen Aufträge, die sie ihren Bereichsleitern erteilt hatte und deren Ergebnisse bereits teilweise auf ihrem Schreibtisch lagen. „Aber etwas fehlt noch", sagte sie laut in ihr leeres Büro hinein, sie zog die Tastatur näher zu sich heran und machte sich an die Arbeit.

FACTBOX

Unternehmenscluster sind organisierte Zusammenschlüsse von Unternehmen zur gemeinschaftlichen Entwicklung und Herstellung von Produkten. Produktionscluster finden sich heute insbesondere in der Automobilindustrie, der Luftfahrttechnik und der Umwelttechnik. Ein führendes Unternehmenscluster im Bereich der Umwelttechnik ist das Umweltcluster Bayern.
Quelle: www.umweltcluster.net

Die Fabrik der Zukunft wird auch „Smart Factory" genannt. Die Smart Factory zeichnet sich durch die Vernetzung und Digitalisierung aller Produktions-

ressourcen aus. Maschinen, Lager- und Logistiksystem, Gebäude und sonstige Betriebsmittel sind miteinander vernetzt. Das steigert die Flexibilität und Geschwindigkeit der Produktion. Und der Ressourceneinsatz lässt sich weiter optimieren. Mehr Informationen zur „Smart Factory" finden sich im Abschlussbericht des Arbeitskreises 4.0 „Umsetzungsempfehlungen für das Zukunftsprojekt 4.0" der Deutschen Akademie der Technikwissenschaften von April 2013.
Quelle: www.acatech.de

„IT-gestütztes Servicemanagement ist im Industrie- und Anlagenbau auf dem Vormarsch. (...) Ein Trend, der sich bei der Wartung und Instandhaltung im Umfeld des Maschinen- und Anlagenbaus immer mehr abzeichnet, ist der Einsatz von mobilen Lösungen. (...) Der Einsatz „tragbarer IT" kann dabei helfen, Abläufe zu beschleunigen und Fehler zu vermeiden."
Quelle: IT&Production, 07-2012, www.it-production.com

„Der wichtigste Erfolgsfaktor für marktorientiert geführte Produktionsunternehmen wird – gerade unter den neuen Möglichkeiten, die Industrie 4.0 durch Vernetzung und Echtzeitabbildung der Produktion in Zukunft mit sich bringt – die schnelle Reaktion auf Kundenanforderungen sein. (...) Um auch bei kleinen Stückzahlen effizient arbeiten zu können, benötigt die Fabrik der Zukunft autonome, sich selbst konfigurierende und räumlich verteilte Produktionsressourcen inklusive der Planungs- und Steuerungssysteme. (...) Aufgaben traditioneller Produktions- und Wissensarbeiter wachsen weiter zusammen. Produktionsarbeiter übernehmen vermehrt Aufgaben für die Produktentwicklung."
Quelle: Fraunhofer-Institut für Arbeitswirtschaft und Organisation, IAO-Studie „Produktionsarbeit der Zukunft – Industrie 4.0"

Coworking Spaces sind eine Art Gemeinschaftsbüro. Diese werde besonders intensiv von Selbstständigen, Freelancern und Kleinstunternehmen genutzt. Die Büronutzung wird tageweise, wochen- oder monatsweise gezahlt.
Quellen: www.betahouse.com, www.workyourway.com

INTERVIEW
Mag. Monika Kircher
Infineon Technologies Austria AG
Vorstandsvorsitzende

Geht die neue Welt des Arbeitens am Produktionsbereich vorbei?
Auch die Arbeit in der Produktion ist im Wandel begriffen – es sind jedoch andere Aspekte zu beachten als z.b. bei neuen Konzepten in der Büroarbeit. Mit der in Deutschland entstandenen Initiative Industrie 4.0 verfolgt man die Idee einer „Smart Factory", die mithilfe eines internetbasierten, sogenannten „Cyber-Physical-Systems" Logistik und Abläufe über ein virtuelles Netz intelligent und selbsttätig steuert, dabei auch Informationen austauscht und so die Effizienz steigert und Menschen entlastet. Das heißt auch, dass die Mensch-Maschinen-Interaktion auf neue Beine gestellt und eine andere Form des Arbeitens in der Fertigung entwickelt wird. Dieser heute bereits als vierte industrielle Revolution bezeichnete Entwurf unterstützt das Ziel Europas, seine industrielle Wertschöpfung deutlich zu steigern.

Erfordert kreative Entwicklungsarbeit physische Anwesenheit im Unternehmen oder kann sie auch remote erfolgen?
Es gibt Tätigkeiten, bei denen es egal ist, von wo aus EntwicklerInnen oder Büroarbeitskräfte ihre Aufgaben erledigen. Insgesamt ist es in einem netzwerk- und teamorientierten Unternehmen, in welchem die Vielfalt von Kulturen und Herangehensweisen der MitarbeiterInnen zum Erfolg beiträgt, aber auch wichtig, dass Menschen persönlich zusammenarbeiten, sich von Angesicht zu Angesicht in kreativen Prozessen austauschen und Ideen weiterentwickeln. Flexible Arbeitsmodelle bringen sowohl für Unternehmen wie auch für MitarbeiterInnen Vorteile – im Sinne ergebnisorientierten Arbeitens wie auch im Sinne von Lebensqualität. Der Wandel geht in die Richtung, Berufs- und Privatleben nicht mehr länger als getrennte Welten zu betrachten, sondern vielmehr Erfolg und Engagement im Beruf harmonisch verbunden mit privaten Interessen und Verpflichtungen zu leben.

INTERVIEW
Mag. Günter Thumser
Henkel CEE
President Henkel Central Eastern Europe GmbH

Wie verändern neue Arbeitsweisen den Forschungs-und-Entwicklungsbereich?
Ich bin überzeugt, und wir erleben es im Unternehmen, dass neue Arbeitsweisen
starken Einfluss nehmen, vor allem in zwei Dimensionen. Henkel ist ein großes
Unternehmen, das traditionell einen großen Anteil an Forschern und Entwicklern
beschäftigt hatte, besonders in der Konzernstandortzentrale in Holthausen und
auch in den einzelnen Ländern wurde lokal geforscht. Mittlerweile wurde hier viel
zentralisiert und dann auch wieder regionalisiert, um die Forschung an den Ort
anzusiedln, wo der Schwerpunkt des Themas liegt.

Die Forschung für Klebstoff liegt zum Beispiel in Asien, weil dort die ganze
Elektronikindustrie angesiedelt ist. Für Konsumgüter liegt die Forschung in Holthausen. Die neue Strategie ist es, in den Emerging Markets Hubs aufzubauen,
z.B. in Moskau, Dubai und Lateinamerika, um mit der Anwendungsforschung
direkt vor Ort zu sein, wo Konsumenten noch einen anderen Lebensstandard
haben. Denn dort sind noch ganz andere Themen relevant als bei uns, die in der
Forschung natürlich berücksichtigt werden müssen. z.B. muss ein WC-Reiniger
zuerst einmal Rostflecken lösen, bevor er das WC an sich reinigt.

Was die Dimension der Zusammenarbeit betrifft, wurde früher alles inhouse
selber gemacht. Es gab eine zentrale Forschungsabteilung und es wurde auch in
den einzelnen Geschäftsbereichen geforscht. Jetzt wurde die Forschung in die
Geschäftsbereiche verlagert und das Unternehmen agiert auch wesentlich offener, was die Zusammenarbeit mit Dritten, z.B. privaten Forschungseinheiten, uni-
versitären Einheiten oder auch interessierte Fachleute betrifft. Forschung und
Entwicklung orientiert sich daher heute viel stärker auch nach außen, und wir
arbeiten mit dem Markt und mit Lieferanten viel stärker zusammen als früher. Mit
Lieferanten gibt es beispielsweise fix etablierte Collaboration-Plattformen, wo
Forscher von Henkel und Forscher von Lieferanten an Projekten gemeinsam
arbeiten. So etwas gibt es auch mit Universitätsinstituten und wir führen auch so
etwas Ähnliches wie Ausschreibungen zu Forschungsthemen durch, die dann an
eine interessierte Fachzielgruppe übermittelt werden. Diese wird eingeladen, mit

Kapitel 7: Produktion und Forschung & Entwicklung

uns zusammenzuarbeiten und sich zu speziellen Entwicklungen der Zukunft etwas zu überlegen.

Befürchtungen hinsichtlich eines Know-how-Verlusts etc. hatten und haben wir bei dieser Zusammenarbeit nicht.

Welche Rolle spielen speziell neue Kommunikations- und Kollaborationstechnologien dabei?

Neue Kommunikations- und Kollaborationstechnologien haben eindeutig zu einer Beschleunigung geführt und auch gleichzeitig zu mehr und zu einer besseren Kooperation. Nicht nur im Sinne einer Öffnung, sondern auch im Sinne der Intensivierung dieser Zusammenarbeit. Früher liefen viele Projekte nebeneinander, aber jetzt ist alles viel stärker vernetzt und die Resultate werden unmittelbarer ausgetauscht.

Forschungs- und Entwicklungshubs sind nun miteinander, aber auch mit dem Headquarter und der Divisionsforschung in einer idealen Form vernetzt. Dadurch kann sowohl zentral als auch regional fast im Gleichschritt an den Projekten gearbeitet werden. Früher gab es dabei doch deutliche Unterschiede in der Geschwindigkeit.

Wir haben vieles von der einfachen, versuchsbegleitenden Anwendungstechnik in wirtschaftlich günstigere Standorte verlagert. Beispielsweise gibt es in Osteuropa ein großes Shared Service Center, in dem mit bis zu 60 Waschmaschinen gleichzeitig geforscht wird. Hierbei werden künstlich Flecken erzeugt und dann mit unterschiedlichen Wasserqualitäten und Waschmaschinenbauarten gewaschen. Die Ergebnisse gehen dann dort an die Forschungszentren, die mit den Resultaten sofort weiterarbeiten können. Früher waren operative Einheiten wie diese am selben Standort wie die akademischen Einheiten.

Was die Wahl der Kommunikationstools betrifft, hat sich das bei uns im Unternehmen sehr stark organisch entwickelt, allerdings gab es auch eine starke Guidance durch die Konzernzentrale. Besonders Videokonferenzen waren ein stark zentral vorgegebener Impuls, der aber auch gerne angenommen wurde, weil die Reisezeit dadurch stark reduziert werden konnte. Toll finde ich die Nutzung von Sametime bei uns im Alltag, wo gleichzeitig eine Telefonkonferenz läuft und das entsprechende Dokument, an die Wand projiziert wird. Das war und ist ein sehr wichtiger Aspekt für unser Unternehmen.

● ●

Aufbruch in die neue Welt des Arbeitens

Zur Vorbesprechung des geplanten Workshops hatte Ulrich Bilek ein kleines Restaurant mit Blick auf den See vorgeschlagen. Es war ein warmer Frühsommertag, und einige der Gäste saßen am Steg und ließen Füße und Seele baumeln, in der Hand ein Buch, neben ihnen ein Glas mit appetitlich aussehendem Inhalt. Ein paar Kinder spielten, was die vorbeischwimmenden Enten nicht aus der Ruhe brachte. Auf den schicken Holztischen standen kleinen Vasen mit Pfingstrosen. Weiter vorne beim Wasser gab es loungeartige Rattanmöbel, die mit weißen großen Tüchern vor der Sonne geschützt wurden, deren zu Boden hängende Enden sich leicht im Wind bewegten. „Hier trifft man sich gerne zu Meetings", sagte die Geschäftsführerin lächelnd zu sich.

Sie ging durchs Lokal auf das Wasser zu und sah, dass Ulrich Bilek bereits in einer dieser Rattankojen Platz genommen hatte und dort mit dem Laptop auf seinem Schoß arbeitete. Sein ausgetrunkener Caffé Latte verriet, dass er schon länger hier war. Als er sie kommen sah, stand er auf und ging ihr mit ausgestreckter Hand entgegen. „Schön, dass Sie es geschafft haben", sagte er lächelnd, „ist das nicht ein nettes Plätzchen zum Arbeiten?"

Viktoria Frey hatte bereits einige Stunden für ihre Recherche investiert und ihre Geduld hatte sich langsam dem Ende zugeneigt. „Unglaublich, wie viele Anbieter und Berater es gibt", hatte sie mit steigendem Frustrationslevel gedacht. Doch keiner davon schien wirklich der Richtige zu sein für den Workshop und seine geplanten Inhalte. Viele Anbieter deckten das Thema nicht in seiner ganzen Breite ab, sondern fokussierten nur auf Teilgebiete, waren aber natürlich trotzdem bereit, zu unterstützen – doch sie wollte jemanden, der umfassende Erfahrungen auf diesem Gebiet hatte. Einige wiederum boten nur einzelne Tools und Werkzeuge an, doch es entsprach ganz und gar nicht ihrer Überzeugung, den Bereichsleitern und infolge dessen dem ganzen Unternehmen Maßnahmen, die im „stillen Kämmerchen der Vorstandsetage" entwickelt wurden, aufzuoktroyieren. Als sie leicht entnervt zur Kaffeemaschine gegangen war, war er ihr wieder eingefallen.

Die Geschäftsführerin hatte Ulrich Bilek vor Jahren auf einer Konferenz kennengelernt. Der Unternehmensberater hatte dort einen Vortrag über Unternehmensprozesse gehalten und dargelegt, wie man diese mit bestimmten Technologien optimieren konnte, besonders im Hinblick auf Trends und Themen, die auf die Arbeitswelt von morgen zukamen. Bereits damals war ihr sein kollaborativer Ansatz aufgefallen und auch, dass er wiederholt darauf pochte, dass die Nutzersicht in den jeweiligen Prozessen extrem wichtig sei, und er Technologien eher als unterstützende Hilfsmittel, die im Hintergrund laufen, sah. Sie fand diesen Ansatz höchst interessant. Er hob sich damit von anderen Vortragenden auf dieser und auch vielen anderen Konferenzen ab. Damals hatte sie noch nicht gewusst, dass sie ihm sehr bald einen Auftrag erteilen würde.

Sie hatte sich den Rest des Nachmittages für diesen Termin freigehalten und merkte sehr bald, dass das eine vorausblickende Entscheidung gewesen war. Es gab viel zu besprechen, Ulrich Bilek hatte einige Fragen zu den Hintergründen, und gemeinsam gestalteten sie den Workshop und die Inhalte und diskutierten die zu erwartenden Ergebnisse.

Als die Sonne unterging, lehnte Viktoria sich zufrieden zurück und sah noch einmal ihre Notizen und Aufzeichnungen durch. „Ja, so könnte es gehen", dachte sie bei sich und war bereits jetzt froh über ihre Idee, einen Spezialisten mit der Aufgabe zu betrauen, den Workshop zu leiten und zu einem guten Ergebnis zu bringen.

Der Workshop: Erster Tag

Das Gasthaus verfügte über einen Seminarraum, der genau den Anforderungen des Workshops entsprach und war ebenso ein Kleinod wie das Restaurant am See, in dem die Vorbesprechung stattgefunden hatte. Die Bereichsleiter waren bereits alle versammelt, im Raum herrschte Stimmengewirr aus Gesprächen und Telefonaten. Ein paar tippten in ihr Smartphone, die leere Kaffeetasse vor sich auf dem Tisch. Eine Mischung aus Anspannung und Interesse lag im Raum, doch war wie immer auch ein wenig Ungeduld und Ärger zu spüren, denn rein prinzipiell kamen solche Workshops zeitlich immer ungelegen. Ulrich Bilek stand mitten im Raum und plauderte angeregt mit den Bereichsleitern. Dann sah er auf die Uhr und bat alle, Platz zu nehmen. Als Ruhe eingekehrt war, stellt er sich offiziell vor und gab einen kurzen Ausblick auf die kommenden zwei Workshoptage und darauf, was man am Ende alles erreicht haben würde.

Als Auftakt startete der Berater mit einem Keynote-Vortrag zum Thema „Neue Welt des Arbeitens". „Nur weil hin und wieder einige Ihrer Mitarbeiter einen Home-Office-Nachmittag nehmen, bedeutet das nicht automatisch, dass Sie in Ihrem Unternehmen oder in Ihrem Bereich eine Mobility-Strategie haben, geschweige denn in der neuen Welt des Arbeitens angekommen sind", begann er seinen Vortrag. Die Geschäftsführerin sah in die Runde der Bereichsleiter. Einige runzelten die Stirn, einige schauten mit steinerner Miene zu, aber alle waren aufmerksam. Ganz im Gegensatz zu früheren Workshops und Klausuren, wo immer jemand in sein Handy tippen musste oder sogar durch ein dringendes Telefonat eine Unterbrechung erzwang. „Ulrich Bilek versteht es definitiv, Spannung aufzubauen", dachte sie zufrieden und hörte ihn weiter sagen: „... daher viele sozio-ökonomische Faktoren, die einen Wandel bewirken, dem man sich als Unternehmen kaum verschließen kann. Diese Faktoren beinhalten demografische Aspekte, veränderte Ansichten hinsichtlich Mobilität, Werte und Auffassungen, die mit jenen vor einigen Jahren nicht mehr vergleichbar sind, und natürlich auch andere Karrierebilder und -vorstellungen. Wir leben mehr und mehr in einer Gesellschaft, in der Wissen zu einer zentralen Ressource und mehr noch zu einem ökonomischen Faktor wird, in der kognitive Fähigkeiten weit über physische Leistung gestellt wird.

Gestützt und getragen wird all das von einem technologischen Fortschritt, der mittlerweile mit einer unglaublichen Geschwindigkeit voranschreitet."

Nach einer kurzen Pause fuhr Ulrich Bilek fort: „Einerseits werden wir immer älter und arbeiten immer länger, andererseits rücken neue Generationen im Arbeitsmarkt nach, deren Sichtweisen einfach nicht auszublenden sind. Gerade vor dem Aspekt einer drohenden Überalterung kann es sich heutzutage kein Unternehmen mehr leisten, die Werte und Wünsche dieser jungen, aufstrebenden, erfolgshungrigen Generationen zu ignorieren. Doch das ist nur ein kleiner Aspekt, der Auswirkungen darauf hat, wie wir arbeiten, wo wir arbeiten, wann wir arbeiten, mit wem wir arbeiten und mit welchen Tools und Werkzeugen wir das tun. Und warum können wir diese Themengebiete und Aspekte nicht ignorieren? Weil sie sich direkt auswirken auf Unternehmenskennzahlen wie Profitabilität, Kundenzufriedenheit, Wachstum und Innovation."

Er führte die Runde tiefer und tiefer in die Thematik und lud sie ein, ihm gedanklich zu folgen. Er sprach von „einer Vielzahl an parallel existierenden Arbeitsstilen, die alle unter einen Hut zu bringen waren", davon, dass „lineare Wertschöpfungsketten von komplexen Ökosystemen, die stark von Vernetzung und Partnerschaft geprägt waren, abgelöst wurden", und davon, dass getragen von der Tatsache, dass „Arbeit als Bezeichnung eines physischen Ortes an Bedeutung verlor, auch traditionelle Organisationsformen in Auflösung begriffen waren" . Kommunikation und Zusammenarbeit waren in Zukunft eine Sache von Vernetzung, Outsourcing, Clusterbildung und Nischenfindung, aber allem voran etwas, das nicht mehr nur innerhalb eines Unternehmens, sondern vielmehr in einer „Unternehmenswolke", wie Ulrich es nannte, stattfand, in der sich Lieferanten, Wertschöpfungspartner, Kunden und andere wichtige Stakeholder wiederfanden und gemeinsam die Geschicke lenkten. Die vielen verschiedenen Arbeitsstile, die er bereits angesprochen hatte, und die Notwendigkeit, auf die Bedürfnisse besonders der jungen, erfolgskritischen Arbeitnehmer einzugehen, würde auch zu einer Diversität der Beschäftigungsverhältnisse führen.

„Vollzeit zu arbeiten, ist bald nicht mehr jedermanns Sache", sagte er und fügte erklärend hinzu „oder zumindest nicht ständig. Arbeit muss ins jeweilige Lebenskonzept passen. Und damit sind wir auch schon wieder bei den demografischen Faktoren wie dem Älterwerden der Bevölkerung. Bald wird es gang und gäbe sein, phasenweise nur mehr Teilzeit zu arbeiten, weil man einen kranken oder alten Angehörigen pflegt oder vielleicht eine Ausbildung macht oder einfach nur eine Auszeit nehmen möchte. Viele, insbesondere junge Leute schätzen auch die Abwechslung, die mehrere Jobs mit sich bringen. Sie wollen sich nicht ‚mit Haut und Haaren', wenn ich das so sagen darf, einem Arbeitgeber hingeben. Einige möchten vielleicht sogar nebenbei ihrer eigenen Geschäftsidee Raum geben und selbstständig sein. Für die Unternehmensseite ist diese Art der Flexibilisierung von Beschäftigung ebenso vorteilhaft; durch eine flexible Anpassung der Mitarbeiterzahl an neue Situationen können Risiken und Kosten reduziert werden. Für Unternehmen heißt es in Zukunft, diese Diversität zu managen in dem Sinne, dass die Produktivität für jeden Mitarbeiter trotzdem maximal ist."

Von den neuen Entwicklungen betroffen war auch die klassische, hierarchisch geprägte Organisationsform, die flexibleren, mitarbeitergesteuerten Organisationsnetzwerken weichen würde. Wobei immer mehr speziell die Organisationsform Projekt an Relevanz gewinne. „In welchem Projekt man gerade zusammenarbeitet, wird dann zeitweise wichtiger, als welcher Abteilung oder welchem Bereich man angehört", führte Herr Bilek aus und beendete seinen Impuls damit zu erklären, dass bei der Vorbereitung eines Unternehmens auf die neue Welt des Arbeitens am besten anhand der Themen People, Place und Technology gearbeitet würde. Ziel war es, alle drei Begriffe ausreichend beleuchtet und im Griff zu haben, um nachhaltige Schritte in die richtige Richtung setzen zu können.

Ulrich Bilek blickte in die Runde und sieben Augenpaare blickten gespannt zurück. „Sollen wir eine kurze Pause machen oder geht es noch ein wenig bei Ihnen mit der Aufmerksamkeit?", fragte er. „Wenn sie sich in den Management Meetings nur auch so schnell einig wären," dachte die Geschäftsführerin, als wenige Sekunden später feststand, dass alle ohne Pause weiterarbeiten wollten.

„Ich möchte mich nun ein wenig dieser jungen und so andersartigen Generation widmen. Im Fachjargon nennt man sie auch ‚Digital Natives' und bezeichnet damit jene, die im oder nach dem Jahr 1980 geboren wurden, in einer Zeit aufgewachsen sind, in der digitale Medien wie Computer, Handy und das Internet allgemein verfügbar und zugänglich waren, und die nun im

Berufsleben stehen. Diese Gruppe an Personen zeichnet sich laut Studien durch hohe Risikobereitschaft und durch ein ausgeprägtes Kommunikationsverhalten aus. Sie haben den Umgang mit digitalen Medien quasi mit der Muttermilch aufgesogen und – selbstbewusst, wie sie nun mal sind – wünschen, nein, fordern den Zugang zu diesen Medien im privaten wie im beruflichen Umfeld. Sie sind es gewohnt, schnell und mit vielen Personen gleichzeitig zu kommunizieren und sind sogenannte ‚Netzbewohner‘. Das Internet ist ihr Wohnzimmer, dort trifft man sie nahezu immer an, und das ist auch völlig okay so. Beziehungsweise wäre es für diese Generation im Gegenteil gar nicht okay, wenn man ihnen den Zugang zu digitalen Medien verweigern würde. Die vorherige Generation, die sich ebenfalls bereits durch hohe Technologie- und Internetaffinität auszeichnet, erachtet es quasi als schlechten Scherz, wenn man sie in dieser Hinsicht einschränkt, doch für diese Leute ist es schlichtweg furchtbar, eine Katastrophe, völlig undenk- und untragbar, dass jemand auch nur auf die Idee kommen könnte, ihnen den Zugang zu ihren ständigen Begleitern, den digitalen Kommunikationsplattformen, zu versperren. Niemals, und um es besonders deutlich zu machen: *Niemals* würden sie für so ein Unternehmen arbeiten. Und sie gehen auch noch weiter. Kommunikationserfahren, wie sie sind, verbreiten sie dies auch mit dem 1:n-Verteilungsschlüssel über eben diese Kommunikationsmedien in der Community. Wenn das eine Person macht, kann man das als Unternehmen wahrscheinlich noch ignorieren. Aber es gehört bereits fast ein Drittel der Bevölkerung den Digital Natives an, und bis 2025 – oder etwas früher – werden es bereits 50 Prozent der arbeitenden Bevölkerung sein. Und bedenken Sie, die sind vor allem gut vernetzt. Wenn einer etwas weiß, dann wissen es gleich viele, die wiederum viele kennen und so weiter. Ignorieren ist hier keine Option, allein schon deshalb, weil sie sich dadurch als Unternehmen den Zugang zu diesen erfolgshungrigen, tatkräftigen Mitarbeitern komplett verschließen. Mitarbeiter, die gerne Veränderungen initiieren, Dinge durchsetzen und beeinflussen, ein sehr offener Menschenschlag, der viel von partizipativer und dialogorientierter Kultur in Unternehmen hält. Ja, sie sind kleine Diven, aber glauben Sie mir, es sind fleißige Diven, die ordentlich anpacken können, um die Sie in Wirklichkeit – reden wir nicht um den heißen Brei – gar nicht herumkommen. Denken Sie daran: Die Hälfte der arbeitenden Bevölkerung spätestens im Jahr 2025!" Zur Untermalung seiner Worte warf sein Laptop ein Tortendiagramm mit der aktuellen Altersverteilung in ihrer eigenen Firma an die Wand. Und gleich auf der nächsten Folie eines für das Jahr 2020, das zeigte, dass bis dahin 47 Prozent der Belegschaft zur Gruppe der Digital Natives gehören würden. „Wollen Sie, die jetzt so wie ich, keine Digital Natives sind, sondern der vorangehenden Generation angehören, wollen Sie auf diese 47 Prozent verzichten und somit um 47 Prozent mehr arbeiten?", schloss Ulrich seinen Kurzvortrag mit einer provokanten Frage ab.

Er machte eine kleine bedeutungsschwere Unterbrechung, in der Gemurmel anbrach, bevor er weitersprach und eine Pause in etwa fünfzehn Minuten ankündigte. „Davor bitte ich Sie aber noch, bis zur Pause in einer Viertelstunde auf Kärtchen aufzuschreiben, welche Auswirkungen Digital Natives auf Ihr Unternehmen haben werden. Und dann bitte ich Sie, besonderes Augenmerk darauf zu legen, welche Auswirkungen sich für die IT daraus ergeben. Sie finden hier bei mir Kärtchen, bitte schreiben Sie Ihre Inputs da drauf. Bitte wählen Sie gelbe Kärtchen für Probleme und Schwierigkeiten, die Sie orten, und grüne Kärtchen für Aktivitäten und Handlungen, die gesetzt werden müssen. Wenn Sie damit fertig sind, warten in der Gaststube ein paar Erfrischungen auf Sie", sagte er und setzte sich, um den Bereichsleitern das Feld zu überlassen.

Als sich nach der Pause alle wieder im Seminarraum eingefunden hatten, begann Ulrich Bilek über Mobilität und neue Arbeitsformen zu sprechen. Der hohe Stellenwert, den das Handy heutzutage spielte, überraschte nun wirklich niemanden, die Tatsache, dass der ITU World Telecommunication 2010 Studie zufolge bereits 91 Prozent der jungen Europäer angaben, sich nie weiter als einen Meter von ihrem Mobiltelefon zu entfernen, jedoch schon. „Work-Life-Balance wird bald aus den Wörterbüchern zu streichen sein", sagte Ulrich, „denn wenn Arbeit und Privatleben weiter verschwimmen, wird eine Trennung bald kaum mehr möglich sein. Mit allen Vor- und Nachteilen, die das bringen mag." Flexibilität und Projektorientierung stünden an der Tagesordnung, während die klassische Hierarchie vielleicht noch weiter bestünde, aber an Bedeutung verlöre. Wichtig sei es, wie man mit jenen kommunizieren konnte, mit denen man aktuell gerade zusammenarbeitete, und wie ein Wissensaustausch zwischen diesen Personen leicht möglich wäre, ohne bei einer zentralen Stelle um Lese- und Schreibberechtigung für einen Ordner oder eine Plattform ansuchen und tagelang auf die Freischaltung warten zu müssen. Einerseits ging es also darum, Wissensmanagement im Unternehmen zuzulassen und den verantwortlichen Mitarbeitern einfachen und unbürokratischen Zugang dazu zu gewähren. Die Frage, ob diese Mitarbeiter nun intern oder extern arbeiteten, war hierbei kaum von Relevanz. Genauso wenig wie die Frage, ob die Mitarbeiter überhaupt dem Unternehmen angehörten oder als Unternehmensfremde am jeweiligen Thema arbeiteten und somit aber die gleichen oder zumindest sehr ähnliche Informationen benötigten. Andererseits ging es aber natürlich auch darum, überhaupt solche Kommunikationsplattformen im Unternehmen zu etablieren. „Denn, seien Sie versichert", sagte der Berater „wenn Sie kein unternehmensspezifisches Tool, keine eigene Plattform dafür zur Verfügung stellen, dann verwenden Mitarbeiter ihre eigenen Werkzeuge und Plattformen. Studien der Yankee Group belegen, dass erstaunliche 86 Prozent der Arbeitskräfte das tun. Kommunikation findet immer ihren Weg. Und ich persönlich halte es aus Unternehmenssicht für empfehlenswert, diese Kommunikation und den damit einhergehenden Datenaustausch auf Plattformen zu organisieren, die den unternehmensinternen Security-Richtlinien entsprechen, um möglichen Missgeschicken und Datenverlusten vorzubeugen."

Aufgrund dieser verschwimmenden Grenzen zwischen Freizeit und Beruf wollten Mitarbeiter möglichst alles, womit sie kommunizieren, in beiden Welten verwenden dürfen. Das erklärte auch den zunehmenden Drang, eigene Geräte im Arbeitsalltag einzusetzen und auf jene, die das Unternehmen den Mitarbeitern zur Verfügung stellte, zu verzichten. „Bring Your Own Device ist der große Trend dahinter", erklärte der Unternehmensberater. Die große Herausforderung bestand für die IT, die sich einer schier unendlich scheinenden Vielzahl an unterschiedlichen Geräten gegenübersah, die es alle zu warten und ins Unternehmensnetzwerk zu integrieren galt. Ein großer Vorteil daraus, war die steigende Zufriedenheit der Mitarbeiter, und „Mitarbeiter, die sich wohlfühlen, sind um mehr als die Hälfte produktiver als andere", sagte er. Hier ginge es vornehmlich um Gewohnheit und Usability, während die Technologie in den Hintergrund trete. „Je mehr Sie auf die Vorlieben Ihrer Mitarbeiter hinsichtlich Benutzerfreundlichkeit von Geräten, aber auch Software eingehen, desto sinnvoller wird die monetäre Investition, die Sie dafür getätigt haben", erklärte Ulrich und erwähnte das sogenannte „Strassmann-Paradoxon", wonach in den USA die Ausgaben für ITK in den letzten 30 Jahren deutlich gestiegen, die Produktivität allerdings im gleichen Zeitraum stagniert war. „So etwas kann leicht passieren, wenn man die Technologie im Vordergrund sieht und – verzeihen Sie meine saloppe Ausdrucksweise – einfach mal drauflos kauft und implementiert. Wenn es dem Nutzer, also den Mitarbeitern, nicht zusagt, dann lehnen diese es ab und kehren zur alten Vorgangsweise zurück. Oder sie nutzen die neue Anschaffung, sind allerdings aufgrund der mangelnden Benutzerfreundlichkeit oder mangelnden Prozesskonformität in ihrer Produktivität gebremst."

„So, damit endet mein Monolog auch schon wieder, und ich darf Sie bitten, die Übung von vor der Pause nochmal zu wiederholen. Bitte überlegen und diskutieren Sie gemeinsam, welche Auswirkung das Thema Mobility und Collaboration für Ihr Unternehmen hat. Und welche Auswirkungen es für Ihre IT hat. Probleme und Herausforderungen auf gelbe Kärtchen, Aktivitäten und Handlungen auf die grünen. Sie haben fünfzehn Minuten Zeit, danach machen wir Mittagspause bis, sagen wir, 13.30 Uhr. Alle einverstanden?", erklärte er die weitere Vorgehensweise.

Nach dem Mittagessen ließ Ulrich Bilek keine Zeit verstreichen und startete ohne große Einleitung und Erklärung in seinen dritten und letzten Mikroimplus, wie er es nannte. „Unsere Kommunikation verändert sich laufend, meine Damen und Herren", begann er und bediente sich erneut einer Folie, die verwendete Kommunikationsmittel im Jahr 2004 mit jenen von heute verglich. „Während damals das Festnetz bereits stark durch die Mobiltelefonie verdrängt wurde, die gesamte Telefonie allerdings relativ unverändert blieb, zeigt sich heute, dass sowohl Festnetz- als auch Mobilfunktelefonie durch andere Medien verdrängt werden. Es wird heute generell mehr kommuniziert als im Jahr 2004, das Kommunikationsaufkommen ist also insgesamt gestiegen. Die Hauptkanäle sind Telefonie, SMS, E-Mail und Web beziehungsweise Social Media. Besonders das Aufkommen der Web-Kommunikation und Social Media haben einen starken Push in der Kommunikation verursacht. Es sind also neue Kommunikationskanäle dazugekommen, die die alten nicht einfach nur ersetzen, sondern das Kommunikationsvolumen in

Summe stark nach oben treiben. Hier drängt sich natürlich die Frage auf, wie viel Kommunikation wir noch aushalten können?", fragte er erneut provokant. „Wie viel Kommunikation können wir noch managen, wie viele weitere Kanäle können wir gleichzeitig bedienen und wie viel mehr an Informationen werden sie uns bringen? Oder werden in Zukunft einzelne Kanäle wieder verschwinden oder verdrängt werden?"

Ulrich Bilek blickte in die Runde und ließ die Frage wirken. Dann fuhr er fort: „Durch diese Vielfalt an Kommunikationskanälen und auch durch die Revolution von Social Media haben sich auch die Kundenerwartungen verändert. Die Kunden wollen den Kanal, über den sie mit dem Unternehmen in Kontakt treten, selber wählen können und sie unterscheiden nicht mehr, um welchen Geschäftsfall es sich dabei handelt. Sie erwarten sich Konsistenz über alle Kanäle hinweg. Das bedeutet, dass alle Aussagen des Unternehmens, egal, über welchen Kanal sie hinausgegangen sind, inhaltlich konsistente Informationen liefern müssen. Das inkludiert Ihre Presseaussendungen, Prospekte und Fachliteratur, Ihre Kundenbetreuer genauso wie Ihre Customer-Service-Mitarbeiter am Telefon ebenso wie Ihre Kunden-Mailings und Web-Kommunikation wie beispielsweise Blogs. Wenn Sie nur kurz überschlagsmäßig überlegen, wie viele Personen mit den soeben genannten Kanälen beschäftigt in ihrem Unternehmen sind, werden sie rasch zu der Erkenntnis kommen, dass abweichende Aussagen und Fehler hier kaum zu verhindern sind, denn wie sollten all diese Personen exakt dieselbe Information weitergeben? Die personelle, organisatorische und auch technische Herausforderung für das Unternehmen ist also enorm. Das ist ein schwieriges, aber bedeutungsvolles Thema. Na gut, dann verschieben wir Social Media, werden Sie nun vielleicht denken. Das können Sie probieren, aber davon ist eher abzuraten. Denn selbst wenn Sie und Ihr Unternehmen für sich entscheiden, diesen Kanal nicht zu bedienen und auszulassen, dann bedeutet das nicht, dass dort nicht trotzdem über sie kommuniziert wird. Denn das Internet hat unser Informations- und Entscheidungsverhalten deutlich verändert und geprägt. Wem glaubt man heutzutage? Dem postalischen Mailing, das man nach Hause bekommt, oder dem Kundenbetreuer? Nein, man glaubt den anderen Nutzern und vertraut auf deren Erfahrungen. Und wo findet man diese? Natürlich im Internet. Auf Millionen Foren und Blogs und Feeds, die es zu scheinbar jedem Thema gibt.

Denken Sie nur an Hotelbewertungen auf Reiseplattformen. Selbst wenn Sie als Unternehmen entscheiden, nicht aktiv im Internet zu kommunizieren, wird dort sehr wohl über Sie kommuniziert. Und da finde ich es persönlich immer besser zu wissen, was ‚die da draußen‘ über einen denken und das auch mitzugestalten."

Er machte erneut eine seiner Kunstpausen, damit das Gesagte sich setzen konnte. „Kommuniziert wird also über Sie. Und zwar rund um die Uhr", fuhr er fort. „Das ist eine weitere Raffinesse der Internetkommunikationskanäle. Die Auswirkungen zeigen sich an den Erwartungen der Kunden. Wenn Sie jemanden anrufen, nicht erreichen und um Rückruf bitten, dann ist es für Ihr persönliches Empfinden wahrscheinlich okay, wenn sich diese Person in den nächsten 24 bis 48 Stunden bei Ihnen meldet, je nach Dringlichkeit des Themas. Bei klassischen Briefen sind wir hinsichtlich der Antwortzeiten noch um vieles toleranter. Im Internet allerdings treibt uns die Ungeduld. Hier wollen wir beinahe augenblicklich eine Antwort auf unsere Frage, auf unser Anliegen bekommen. Wieder ein Aspekt, der organisatorisch und vor allem personell spannend ist. Aber natürlich gibt es auch eine Menge an Gewinnen für Ihr Unternehmen. Sie können eine Menge an zusätzlichen Daten über Ihre Kunden und Ihr Kommunikationsverhalten generieren. Wann und mit welchem Thema Sie welchen Kanal bevorzugen zum Beispiel. Auch steigt die Chance, Ihre Kundenzufriedenheitswerte zu steigern, wenn Kunden einfacher und rascher zu kompetenten Mitarbeitern verbunden werden und somit auch schneller Lösungen angeboten bekommen. Und es eröffnen sich überhaupt gänzlich neue Wege der Beratung. Denken Sie beispielsweise nur an Videotelefonie. Vielleicht muss man im Schadensfall ja gar keinen Techniker vor Ort zum Kunden schicken, wenn es sich auch über Videotelefonie lösen lässt. Der Kunde wird höchst zufrieden sein, wenn er keinen extra Termin braucht und ihm auch so geholfen wird, und Sie ersparen sich die An- und Abreisezeiten Ihrer Außendienstmitarbeiter, die in dieser gewonnenen Zeit vielleicht noch zwei weiteren Kunden helfen können. Ein klassischer Effizienzgewinn!"

„Ich denke, es ist an der Zeit, Sie wieder um Ihre Mitarbeit zu bitten. Ich hätte gerne, dass Sie sich Gedanken darüber machen, inwieweit das Thema Kundenkommunikation sich auf Ihr Unternehmen und speziell wieder auf die IT auswirkt. Gelbe Kärtchen für Probleme, grüne für Aktivitäten, Sie kennen das ja nun schon", lachte Ulrich. Als sie auch diese Aufgabe gemeistert hatten, begannen sie gemeinsam die Kärtchen zu Themenblöcken zu reihen und so Tendenzen und Stoßrichtungen herauszuarbeiten. Zum Schluss diskutierten Sie diese Themenblöcke so lange, bis sie ein bis zwei Kernaussagen pro Bereich festgelegt hatten, die Ihnen am wesentlichsten erschienen.

Es war 20.30 Uhr, die Bereichsleiter und der Berater waren zum Abendessen gegangen. Die Geschäftsführerin blieb noch ein paar Minuten im Seminarraum, um den Tag Revue passieren zu lassen. Sie blickte auf die Pinnwand mit den Kernaussagen und las sie noch einmal.

• •

HR

➡ Wir wollen innovative Arbeitsformen einführen. Kernstück ist die Einführung zeitlich und räumlich flexiblen Arbeitens.

➡ Wir wollen dadurch auch unser Employer Branding verbessern und den Wandel in Richtung neue Welt des Arbeitens auch stark am Markt kommunizieren.

IT

➡ Unsere IT muss agiler werden – sie muss jederzeit und überall verfügbar sein.

➡ Cloud-Lösungen werden eine zentrale Rolle spielen.

Organisation und Prozesse

➡ Moderne Arbeitsumfelder wirken sich nicht auf alle Mitarbeiter gleich aus, daher müssen diese für unterschiedliche Typen von Mitarbeiterkategorien und Kommunikationsprozessen maßgeschneidert sein.

Customer Service

➡ Wir integrieren die Kundenkontakte tiefer in der Organisation, bis in das Back Office.

➡ Wir verknüpfen die Kommunikations- und Servicewelten enger miteinander.

Marketing und Sales

➡ Wir müssen unsere Marktnähe und Kundeneinbindung verbessern, z.B. durch die Nutzung von Social Media.

→ Unsere Reaktion auf Kundenbedürfnisse muss schneller erfolgen, durch eine bessere Nutzung von Mobility-Lösungen und CRM im Vertrieb

Produktion und F&E

→ In unserer Produktion und F&E wollen wir in Zukunft vernetzt arbeiten – intern und extern.

→ Wir wollen dadurch schlanker, schneller und flexibler werden.

• •

„Das war ein langer Tag, aber wir sind definitiv auf dem richtigen Weg", dachte die Geschäftsführerin zufrieden, als sie das Licht im Seminarraum löschte. Sie drehte sich um und folgte den Bereichsleitern und dem Berater zum Abendessen.

Der Workshop: Zweiter Tag

„Einen wunderschönen guten Morgen wünsche ich Ihnen", begrüßte Ulrich Bilek die Geschäftsführerin und die Bereichsleiter am nächsten Tag. Er nahm den kleinen Ball, der neben ihm auf dem Tisch lag, in die Hand und warf ihn einem der Manager zu. „Unsere erste Übung heute wird sein, dass ich Sie bitte, den Ball einem Ihrer Kollegen zuzuwerfen und uns dann eine Minute lang zu erzählen, was Sie an dieser Person schätzen, was seine oder ihre Vorzüge sind und was er oder sie besonders gut kann. Der Kollege, der den Ball gefangen hat, darf sich zurücklehnen und genießen und danach ebenfalls den Ball werfen. So lange, bis alle dran gewesen sind."

„Was für einer ungewöhnlicher Start in den Tag", dachte Viktoria, die bereits auf vielen Seminaren gewesen war. Doch der Effekt war unglaublich. Anfangs waren die Bereichsleiter noch etwas irritiert darüber, was sie zu tun hatten, aber als die Übung vorbei war, hatten die meisten von ihnen deutlich länger gesprochen als die vorgegebene Minute. Die Geschäftsführerin blickte in die Runde. Sechs lächelnde und hocherfreute Gesichter sahen den Berater erwartungsvoll an. „Was man mit ein wenig Lob erreichen kann", dachte sie erstaunt, während Ulrich Bilek bereits die nächste Aufgabe erklärte. Er stellte die Pinnwand mit den am Vortag erarbeiteten Kernaussagen in die Mitte des Raumes und las jede davon noch einmal laut vor.

„Ich darf Sie nun alle einladen, zu überlegen, welche Maßnahmen und Methoden erforderlich sind, damit Sie für Ihren Bereich diese Kernaussagen erreichen können. Dafür nehmen wir uns dreißig Minuten Zeit, in denen jeder für sich arbeitet und nachdenkt. Als nächsten Schritt werden wir Ihre erarbeiteten Maßnahmen und Methoden diskutieren und gemeinsam festlegen, welche davon essenziell sind für die Unternehmensstrategie. Zum Schluss ordnen wir sie chronologisch. Am Ende werden wir ein Diagramm vor uns haben, das Ihnen genau zeigt, welche Maßnahmen Sie wann ergreifen müssen, um Ihr Unternehmen fit zu machen für die sich ändernden Marktbedingungen", erklärte Ulrich seinen Plan.

Als die vereinbarte halbe Stunde vorbei war, bat Ulrich Bilek die Geschäftsführerin und die Bereichsleiter, die Themen und Maßnahmen für ihren jeweiligen Bereich zu nennen, und forderte danach zur allgemeinen Diskussion darüber auf. „Denken Sie immer an Ihre am Vortag erarbeiteten Kernaussagen", sagte er. „Diese gilt es zu erreichen. Für diese gilt es festzulegen, anhand welcher Maßnahmen und Meilensteine Sie diese Kernaussagen zu Realität werden lassen. So legen Sie gemeinsam Ihre ersten Schritte in die neue Welt der Arbeit fest."

Die Bereichsleiter sahen sich an, wie um per Gedankenübertragung zu vereinbaren, wer als Erster das Wort ergreifen würde. Christine Sigmund räusperte sich. „Einer der wesentlichsten Aspekte für meinen Bereich ist es, dass wir es schaffen, die verschiedenen Kundenkanäle so zu managen, dass der Kunde dort genau seinen Erwartungen entsprechend bedient wird und wir im Unternehmen an jedem Kanal auf dieselben, aktuellen Kundeninformationen zugreifen können", begann die CS-Leiterin die Diskussion. Ulrich Bilek blickte in die Runde, aber es schienen keine Einwände zu kommen. Offensichtlich hielten alle diesen Punkt für essenziell. „Vielen Dank für Ihren Input. Welche Überschrift können Sie diesem Thema geben?", bat er Christine. Sie dachte kurz nach und sagte dann „Multi Channel Management ist etabliert", und der Berater schrieb es auf eine Karte, die er an die Pinnwand steckte und sah Christine auffordernd an. „Ja, und natürlich benötigen wir neue Prozesse", sagte sie. „Wie bitte? Ihr braucht neue Prozesse? Auf Basis welcher Informationen schlagen Sie solche gravierenden Umwälzungen vor? Ist das nicht ein wenig sehr allgemein formuliert, Frau Kollegin?", mischte sich Oskar Oberascher, der Leiter des Bereiches Organisation und Organisationsentwicklung, ein. „Wie Sie wissen, läuft bei uns gerade die Simulation unserer Prozesse mit Kunden. Dabei nehmen einerseits unsere Mitarbeiter die Kundenrolle ein und konfrontieren das Unternehmen mit möglichen Aufgabenstellungen, und andererseits arbeiten wir aber auch mit ausgewählten Kunden direkt zusammen. Ziel ist es, die Prozesse so zu gestalten, dass für den Kunden und seine Erwartungen an den jeweiligen Kanal und bei der jeweiligen Problemstellung die maximale Zufriedenheit erreicht werden kann. Dabei sehen wir uns alle Prozesse an, die vom Kunden direkt oder auch indirekt angestoßen werden können, und analysieren neben dem erzielten Service-Level auch, was das alles beim Kunden bewirkt und auslöst. Es werden sicherlich nicht alle Prozesse überarbeitet werden müssen, aber es ist unsere Pflicht, die Prozesse so anzupassen, dass sie für unsere Kunden akzeptabel … nein, zufriedenstellend sind", antwortete die CS-Leiterin. „Und um Ihre Frage nach der Überschrift für dieses Thema gleich vorwegzunehmen", schmunzelte sie, „denke ich, dass ‚Service-Prozesse sind nach Customer Experience Design neu definiert‘ am treffendsten ist."

„Wie weit werden diese Prozessveränderungen gehen?", fragte Markus Schmidt, der Sales-und-Marketing-Verantwortliche. „So weit es notwendig ist", antwortete Christine Sigmund diplomatisch. „Das bedeutet, dass wir eventuell vieles zu ändern haben werden – auch bereichsübergreifend", merkte Oskar Oberascher an und beantwortete sogleich die Frage, die der Sales-und-Marketing-Manager dabei war zu stellen. „Hier gilt es, die Ergebnisse des Customer-Experience-Projektes abzuwarten. Erst dann kann man analysieren, welche Prozesse tatsächlich geändert werden müssen und auf welche Weise das zu erfolgen hat. Aber wir können und dürfen die Kundensicht nicht außen vor lassen. Sie haben ja alle mitbekommen, wozu das führt", sagte Christine Sigmund und spielte damit auf den für alle überraschend verlorenen Großauftrag ihres langjährigen Stammkunden an. „Und um Ihre nächste Frage gleich zu beantworten: Ja, es kann jeden Bereich betreffen, aber das Ausmaß der Veränderung wird erst nach Abschluss des Projektes erfassbar sein", sagte Oskar Oberascher, der Organisationsleiter, trocken.

Für einen kurzen Moment ebbte die Diskussion ab und es war still im Raum. Der Erste, der die Stille nutzte, war Markus Schmidt, der Marketing-und-Sales-Leiter. „Wir müssen uns zum Thema Social Media überlegen, wie wir als Unternehmen damit umgehen wollen. Das betrifft besonders die Bearbeitung dieser Plattformen und deren Nutzung als Vertriebs- und Kommunikationskanal. Es gilt festzulegen, ob und wie wir als Unternehmen dort vertreten sein sollen", sagte er. Er sah die CS-Leiterin an, von der er seit seinem Gespräch mit der Geschäftsführerin wusste, dass auch in ihrem Bereich ein massiver Vorstoß in diese Richtung bereits stattgefunden hatte, und fuhr fort, „und wo diese Zuständigkeit organisatorisch im Unternehmen angesiedelt sein sollte". „Sollten wir dazu nicht erst einmal die Social-Monitoring-Analyse abwarten?", bezog Christine Sigmund sofort Position. „Aus dem Monitoring lernen wir, welche Tools und Plattformen wir bedienen beziehungsweise im Auge behalten müssen. Das ist doch ein wesentlicher Aspekt in der Beantwortung der Frage, wie wir als Unternehmen mit Social-Media-Plattformen umgehen", sagte sie. „Ja, aber eine generelle Strategie zu diesem Thema können wir uns bereits vorher überlegen, genauso wie die organisatorische Zugehörigkeit. Die Social-Monitoring-Analyse fettet dann die Strategie mit zusätzlichen Informationen auf", meldete sich die Geschäftsführerin zu Wort.

„Wir haben also zwei weitere Maßnahmen erkannt. Wie möchten Sie diese benennen?", fragte Ulrich Bilek. „Social-Media-Strategie ist erstellt", schlug Markus Schmidt vor. „Ja, und den zweiten Punkt würde ich gerne ‚Social-Monitoring-Analyse ist etabliert' nennen", pflichtete Christine Sigmund bei.

„Ich möchte noch einmal auf die Prozesse zurückkommen", fuhr der Marketing-und-Sales-Leiter fort. „Wir sollten uns, wenn wir die Prozesse ohnehin schon angreifen, gleich auch überlegen, wie wir am besten unsere Kunden und auch Partner einbinden können." „Wie meinen Sie das genau?", erkundigte sich Oskar Oberascher. „Das betrifft nicht nur den Vertrieb, sondern auch meinen Bereich", warf Paul Friedrich Ender, der Verantwortliche für Produktion und F&E, ein. „Es ist ganz essenziell, dass wir uns mit Partnern und Co-Lieferanten zusammentun und genau definieren, wo wir gemeinsam vorgehen. So haben wir mit vereinten Kräften viel bessere Chancen, uns gegen Mitbewerber, die über den Preis gehen, zu behaupten. Auf diese Weise gewinnen wir an Geschwindigkeit und Flexibilität und können trotz eventuell höherer Preise den Kunden an uns binden. Ich schlage vor, das unter der Bezeichnung ‚Prozesse zur Integration von Kunden und Partnern in Vertrieb und Entwicklung' auf die Pinnwand aufzunehmen. Sind Sie damit einverstanden?", fragte er in die Runde.

„Ich denke, das wäre am besten mittels einer Collaboration-Plattform gelöst. Den Zugriff darauf können wir dann jenen Kunden und Partnern geben, mit denen wir auf diese Weise zusammenarbeiten wollen", schlug Irene Tauber, die IT-Leiterin, vor. „Und über die Prozesse definieren wir Zugriffe, Berechtigungen und die Auswirkungen auf die Bereiche Sales und Marketing sowie Produktion und F&E", komplettierte sie das Bild und sagte: „Wir könnten den Meilenstein als ‚Collaboration-Plattform zur Interaktion mit Kunden und Partnern ist umgesetzt' aufnehmen."

Das Mittagessen nahmen sie im Seminarraum ein. Alle waren dafür, die Mittagspause zu streichen und stattdessen weiterzuarbeiten und nebenbei zu essen. Was folgte, waren viele weitere Diskussionen und teilweise hitzige Debatten. Es wurden auch noch weitere Maßnahmen beschlossen. So entschieden sie beispielsweise, im Unternehmen Möglichkeiten für Projektkarrieren zu schaffen, da sie erkannten, dass sich die zukünftige Zusammenarbeit nicht nur auf Linie, sondern speziell auf Projekte fokussieren würde. Und auch dort sollten Karrieremöglichkeiten geschaffen werden, vergleichbar mit jenen, wie man sie in der Linie machen konnte. Es sollte also eine Aufwertung all jener Mitarbeiter stattfinden, die in Projekten arbeiteten. Außerdem wollten sie eine Neugestaltung des Büros in Angriff nehmen. Dies bedeutete Umbauarbeiten, um die angestrebten Veränderungen physisch erlebbar zu machen, in Form von unterschiedlich gestalteten und technisch ausgerüsteten Meetingräumen, aber auch Kreativ- und Kommunikationsorten für die Mitarbeiter. Sie planten, die Arbeitsplätze entsprechend den Anforderungen und Aufgaben der Mitarbeiter umzugestalten und in Summe sogar eine Verringerung der Fläche zu erreichen, was sich positiv auf die langfristigen Gebäudekosten niederschlagen würde. Das würde eine enorme Kosteneinsparung bringen und Freiraum für neue Investitionen schaffen. Als sie zum Ende kamen, ordneten sie die Methoden und Maßnahmen aus dem Brainstorming chronologisch auf einer Zeitachse, wobei sie „verwandte" und zusammengehörige Themen in Themenclustern zusammenfassten. Zum Schluss erstellten sie ein Diagramm – die Transformation Map, wie sie es nannten –, dessen x-Achse den zeitlichen Verlauf darstellte, während auf der y-Achse die Themen nach den Schlagwörtern „People", „Place" und „Technology" geordnet wurden. Das Ergebnis war ein dichtes Netz an Maßnahmen und Aktivitäten, die zeitlich gereiht waren und an dessen Ziel das Unternehmen in der neuen Welt des Arbeitens angekommen war, was eine laufende Erfolgsmessung garantieren sollte. Am Ende war der Fahrplan für die nächsten Jahre klar zu erkennen (siehe rechts).

Es war 17.30 Uhr und der Workshop war zu Ende. Die Geschäftsführerin blickte in die Runde. Die Bereichsleiter sahen müde aus und doch spiegelte sich in ihren Gesichtern Entschlossenheit. „Sie haben sehr hart gearbeitet in den letzten zwei Tagen", sagte der Berater, „und das Ergebnis kann sich sehen lassen. Doch es wäre kein Workshop, wenn es nicht an seinem Ende noch eine Feedbackrunde geben würde", scherzte er und blickte auffordernd in den Raum.

Nach einem kurzen Moment der Stille meldete sich Markus Schmidt, der Marketing-und-Sales-Leiter, als Erster zu Wort. „Wissen Sie, ich bin beinahe froh, dass wir in diese Misere geschlittert sind. Scheinbar braucht es leider immer eine harte Landung, um Ineffizienzen und Missstände anzusprechen und Veränderungen vorzunehmen. Allein wenn ich daran denke, wie viel wir aufgedeckt haben, Aufgaben und Tasks, die wir in mehreren Bereichen unabhängig voneinander bearbeitet haben. Und das, obwohl wir uns regelmäßig abstimmen."

Die IT-Leiterin pflichtete ihm bei und sagte, dass sie mit der Transformation Map sehr zufrieden wäre, da sie es ermöglichte, ihre längerfristigen Entwicklungsziele auch während des Tagesgeschäftes immer im Auge zu behalten. Viele stimmten ihr zu, einige hätten gerne noch mehr Zeit damit verbracht, an der Transformation Map zu feilen, doch Viktoria entgegnete, dass die Arbeit an der Transformation Map gerade erst ihren Anfang genommen und besonders die Detailschritte noch zu folgen hätten.

Als die Feedbackrunde endete, hob der Organisationsleiter noch einmal die Hand. „Ich möchte gerne abschließend noch sagen, dass es – trotz der offensichtlichen Herausforderungen, vor denen wir stehen – eigentlich … wie

NWOW-Vision

Zeitachse: Bis 2015 · 2016 bis 2017 · 2018 bis 2020

Kategorien: Technology · Place · People · Partner · Kunden

- Anforderungen an IT für mobiles Arbeiten sind definiert.
- IT-Sourcing-Strategie ist erstellt.
- Social-Collaboration-Plattform ist intern ausgerollt.
- Umstellung auf Cloud Services ist abgeschlossen (Ziel 20 % off premise).
- Transformation ist abschließend mittels NWOW-Erfolgsmessung bewertet.
- Multi Channel Management ist voll etabliert.
- Mobile-Enterprise-Strategie erstellt.
- Unified-Communications-Strategie erstellen
- CRM-System ist eingeführt.
- Das Büro der Zentrale ist neu gestaltet.
- Collaboration-Plattform für Interaktion mit Kunden und Partnern ist umgesetzt.
- Customer Experience Management umgesetzt
- Bedarfsanalyse für neues Bürodesign ist erstellt.
- Performance-Management-Prozesse und Methodik sind verbessert.
- Betriebsvereinbarung für mobiles Arbeiten ist ausgerollt.
- Trainings für neue Arbeitsweisen sind abgeschlossen.
- Karrierepfad für Projektarbeit ist etabliert.
- Prozesse zur Integration von Kunden und Partnern in Vertrieb und Entwicklung sind definiert.
- Social-Media-Strategie erstellen
- Konzept für Führungskräfteentwicklung ist erstellt.
- Konzept für Kompetenzaufbau für Mitarbeiter ist erstellt.
- Serviceprozesse nach Customer Experience Design sind neu definiert.
- Social-Monitoring-Analyse ist etabliert.
- Neue Arbeitsweisen für Rollenbilder sind definiert (Rules of Engagement).
- Arbeitsstile sind analysiert (Workstyle-Analyse).
- NWOW-Erfolgsmessung ist aufgesetzt.

Kapitel 8: Aufbruch in die neue Welt des Arbeitens

soll ich es am besten sagen? ... beruhigend war zu sehen, dass die Probleme und Themen, mit denen wir zu kämpfen haben, nicht nur unser Unternehmen alleine betreffen, sondern – wenn man so möchte – ein globales Phänomen sind. Auch wenn es uns faktisch nicht hilft, die Aufgaben zu bewältigen, tut es doch gut zu wissen, dass man nicht alleine dabei ist ... und unsere Mitbewerber mit ziemlich denselben Herausforderungen zu kämpfen haben. Die Frage ist, wer erlangt den entscheidenden Vorsprung?"

Während die Geschäftsführerin von einem zum nächsten sah, erkannte sie, dass eine der wichtigsten Übungen gelungen war: Die Bereichsleiter waren alle auf den Zug aufgesprungen. Alle hatten erkannt, dass es dringend notwendig war, Veränderungen vorzunehmen. Die anstehenden Veränderungen hatten alle gemeinsam entwickelt und waren durch die Transformation Map gut visualisiert und nachvollziehbar. Zufrieden verließ die Geschäftsführerin das Lokal, in dem der Workshop stattgefunden hatte, und machte sich auf den Heimweg. „Heute haben wir viel geschafft, es ist viel passiert und wir haben gut gearbeitet", sagte sie stolz zu sich und wusste gleichzeitig, während sie auf die Autobahn auffuhr, dass das größte Stück Arbeit, nämlich die Umsetzung und Erfolgsmessung all dieser Maßnahmen, noch vor ihnen lag.

Sieben Monate später ...

Es war Freitag, und wie neuerdings oft an einem Freitag saß Viktoria in dem kleinen Restaurant am See. Sie schaute auf die Uhr. „Offenbar verspätet er sich", dachte sie. Sie griff in ihre Tasche und zog einen Artikel hervor. Seitdem sie begonnen hatte, sich mit dem Thema „Neue Welt des Arbeitens" zu beschäftigen, schien es, als würden von überall Inhalte dazu auftauchen. Sie lehnte sich zurück und begann zu lesen.

EXPERTENBEITRAG

Ing. Martin Katzer, MBA

T-Systems Austria

Vorsitzender der Geschäftsführung

„Zero Distance" in der Generation Easy

Die Welt steht Kopf! Gestern noch Start-up, heute Umsatzmilliardär. Junge Unternehmen treten erfolgreich gegen jahrzehntelange Marktführer an. Ihr Vorteil: Sie sind schnell, einfach, transparent und direkt. Und zwar in der Art, wie sie Kundennähe suchen, Mitarbeiter verbinden und Informationen aus Daten extrahieren. Kunden-, aber auch Mitarbeiternähe sind die wesentlichen Wettbewerbsfaktoren. Entscheidend dabei ist der richtige Einsatz von IT.

Weltweit nutzt heute fast die Hälfte der MitarbeiterInnen Online-Zusammenarbeit, Social Networks, Instant Messaging oder Tools aus dem Netz. Sie kaufen diese Tools entweder an der IT vorbei oder laden diese kostenlos runter. Sie erwarten die Einfachheit ihrer Consumer-Anwendungen selbstverständlich auch am Arbeitsplatz – unabhängig von ihrem Alter oder ihrer Funktion. Ein Phänomen, dem wir den Namen „Generation Easy" geben. Diese Mitarbeitergeneration ist ein wesentlicher Grund, weshalb es für CIOs mehr denn je darum gehen wird, eine IT zur Verfügung zu stellen, die schnell, leicht verständlich und immer einsetzbar ist. Aber wie steht es um die dafür nötige Cloud-Fähigkeit der Unternehmens-IT? Welche Architekturen sichern die Agilität, die es braucht, um Mitarbeiter mobile Anwendungen bereitzustellen und ihre weltweite Zusammenarbeit zu unterstützen? Und wie schnell lassen sich gewachsene Infrastrukturen neuen, veränderten Geschäftsmodellen anpassen? Die Beantwortung dieser Fragen muss einer oft völlig neuen strategischen Ausrichtung des Unternehmens folgen, damit CIOs die Transformation ihrer IT in die Welt von Cloud, Big Data, Mobilität und Collaboration gelingt.

Auch der Anspruch der Kunden ist klar: Sie wollen Business-Applikationen so unkompliziert und mobil nutzen wie die bereits gewohnten Consumer-Anwendungen. Diese „App-Idemie" fällt über viele Unternehmen und ihre IT ein – ihr Credo lautet: Keep it simple! Mitarbeiter fordern IT-Anwendungen am Arbeitsplatz oder mobil, die so schnell verfügbar und einfach wie Apps zu bedienen sind.

Kapitel 8: Aufbruch in die neue Welt des Arbeitens

Dies ist keine Modeerscheinung, die wieder vergeht, sondern ein ernst zu nehmender Trend, dem sich die Unternehmen stellen müssen – und zwar rasch. Beim Umgang mit Wünschen der Mitarbeiter an die IT ist auch klar: Verbote helfen nichts! So hat der CIO zwei Möglichkeiten: Entweder er integriert die am Markt am stärksten genutzten Social-Media-Tools und „Bring Your Own Device" sicher und gibt klare Entscheidungshilfen vor, ob Businessdaten in die Dropbox dürfen oder nicht. Oder aber er bietet aus dem Fundus klassischer Enterprise-IT Alternativen an, die Mitarbeitern den Verzicht auf Facebook, Twitter & Skype ausreichend schmackhaft machen. SharePoint statt Dropbox und WebEx anstelle von Skype. Doch dafür müssen CIOs erst ihre Infrastruktur hinsichtlich der Collaboration-, Mobility-,und Cloud-Readiness überprüfen und gegebenenfalls anpassen. Zentral ist, dass Unternehmen- und Kundendaten auf unterschiedlichen Devices effektiv geschützt werden, damit Mitarbeiter auf alle Kernapplikationen des Unternehmens auch zeit- und ortsunabhängig Zugriff haben. Auch das Verhältnis zum Kunden hat sich in den vergangenen Jahren durch die Möglichkeiten, die Social Media und das Internet bieten, völlig verändert. Entschieden Unternehmen früher selbst, welche Informationen sie herausgeben wollten, erzeugt das Internet heute eine radikale Transparenz. Kunden suchen online nach Informationen, vergleichen, kaufen ein und tauschen sich auf diversen Plattformen aus. Dieser Grad der Transparenz und Verfügbarkeit von Produkten ist beispiellos. Die Verbindung zwischen Kunden und Unternehmen wird immer schneller und direkter. Suchen Unternehmen in diesem Umfeld die Nähe zum Kunden, reicht eine evolutionäre Entwicklung der IT aber nicht aus. Um im geforderten Tempo auf Markttrends reagieren zu können, müssen sich die Informations- und Kommunikationstechnologien zu Schlüsseltechnologien und Enabler wandeln. Dazu zählen fast alle Analystenhäuser, die disruptiven Technologien Cloud Computing, Big Data, Mobility, Collaboration sowie das übergreifende Thema Sicherheit.

Marketing und Kommunikation steigen in die IT-Champions-League auf.

Der zielgerichtete Einsatz der Technologien ist damit die entscheidende Basis, um Mitarbeiter und Kunden eng an sich zu binden. Der Kommunikationsabteilung eines Unternehmens kommt als wichtige Schnittstelle zum Kunden dabei eine bedeutende Rolle zu, um enorme Mengen von Kundendaten auszuwerten und die Wirkung von etwa Social-Media-Kampagnen messen zu können. Um auch schnell reagieren zu können, gilt es, aus diesen Daten wichtige Informationen in Echtzeit zu gewinnen. Das hat Folgen für die Unternehmens-IT, die Budgets und nicht zuletzt die Verantwortung darüber. Laut IDC sind schon heute die Leiter von Fachabteilungen bereits an fast 60 Prozent der IT-Investitionen direkt beteiligt, bei einem Viertel dieser Ausgaben sind sie sogar Entscheider. Und Cloud Computing macht der IT das Leben zusätzlich schwer: Die einfache Verfügbarkeit von Software aus der Cloud, speziell Software as a Service (SaaS), macht es jeder Abteilung leicht, Software vorbei am CIO zu beschaffen und einzusetzen. Von den kostenlosen Angeboten einmal abgesehen, ist auch für kostenpflichtige SaaS-Lösungen das Geld da: Laut einer Studie von Dr. Bergmann & Dr. Rohde Consulting Group (BRCG) liegen 44 Prozent der Budgets für die Lösung betrieblicher Herausforderungen bei den Fachabteilungen, und gerade einmal 14 Prozent der Projekte werden direkt aus dem IT-Budget bestritten. Schlechte Nachrichten somit für den CIO. Er muss damit rechnen, dass diese Lösungen nur mäßig und teilweise gar nicht in die vorhandene IT-Landschaft eingebunden sind und die Datensicherheit gefährden. Schon aufgrund dieser Bedrohung ist es Aufgabe des CIO, aktiv zu werden. Denn wer auch immer sich in die IT einklinkt: Der CIO wird letztendlich zur Verantwortung gezogen. Daher sollte er Wege suchen, um das übergeordnete Ziel zu unterstützen: Gemeinsam mit den Fachbereichen an den strategischen Zielen des Unternehmens zu arbeiten, in dessen Zentrum die Erreichung von „Zero Distance" zum Kunden und Mitarbeiter steht.

• •

Viktoria nahm einen Schluck von ihrem Kaffee und schaute dabei auf den See, der ruhig und glatt vor ihr lag. „Wie schön es hier ist", dachte sie und wandte sich wieder ihrem Konzept zu, an dem sie hier in Ruhe arbeiten konnte. Natürlich hätte sie auch in ihrem Büro die Türe schließen und damit signalisieren können, dass sie nicht gestört werden möchte. Die eine oder andere „extrem dringende Angelegenheit" wäre wohl trotzdem zu ihr durchgekommen und hätte „nur ganz kurz" ihre Zeit und Aufmerksamkeit beansprucht. Aber der eigentliche Grund, warum sie immer wieder zum Arbeiten und Nachdenken hierherkam, war, dass die Qualität der Arbeit für sie hier eine ganz andere war als im Büro. Sie mochte diesen Ort, fühlte sich hier wohl, und genauso arbeitete sie hier auch.

Er sah abgehetzt und gestresst aus, als er sich mit seiner großen Aktentasche den Weg zur ihr bahnte. „Bitte entschuldigen Sie vielmals die Verspätung", sagte er und streckte ihr die Hand entgegen. „Kein Problem", sagte sie lächeln. Gerhard Fink nahm Platz, gab beim Kellner seine Bestellung auf und sah sich dann um. „Ein netter Ort", meinte er. „Ja, nicht wahr? Ich komme, so oft es möglich ist, hierher zum Arbeiten und für Besprechungen. Es erfordert zwar eine gewisse Disziplin, denn selbstverständlich ist es oft einfacher, im Büro sitzen zu bleiben. Aber jedes Mal, wenn ich dann hier bin, weiß ich, dass es die bessere Entscheidung war, und trage mir gleich in den Kalender neue Zeitblöcke ein, die ich hier arbeitend verbringen werde", sagte die Geschäftsführerin und fragte sich, ob sie wohl genauso abgekämpft ausgesehen hatte, als sie vor einigen Monaten hier das erste Mal den Berater traf und sie gemeinsam den Workshop planten.

Gerhard Fink war ebenfalls Geschäftsführer und um sein Unternehmen stand es gerade nicht zum Besten. Die Auftragslage war deutlich eingebrochen und auch im Unternehmen kriselte es. Viele gute Mitarbeiter hatten die Firma schon verlassen, während der Konkurrenz die Situation natürlich nicht verborgen geblieben war und sie ihr Übriges dazu taten, um die Lage nicht eben zu verbessern.

Ulrich Bilek hatte die beiden Unternehmensleiter miteinander bekannt gemacht und die Geschäftsführerin gebeten, ihrem Kollegen zu erzählen, wie die Ausgangsituation bei ihr gewesen war und welche Maßnahmen sie ergriffen hatte beziehungsweise was noch geplant war.

Sie unterhielten sich lange, es gab einige Parallelen zwischen den beiden Unternehmen und der Lage, in die sie geraten waren. Die Geschäftsführerin berichtete sehr offen darüber, was sie in den Einzelgesprächen mit den Bereichsleitern herausgefunden hatte, und sah, wie ihr der Unternehmer gegenüber aufmerksam zuhörte und immer wieder nickte, als würde ihm das, was sie gerade erzählte, ebenso widerfahren sein. „Gemeinsam mit Ulrich Bilek haben wir dann nach dem Workshop jene Werkzeuge entwickelt und vorangetrieben, mit denen wir die Maßnahmen, auf die wir uns in der Transformation Map geeinigt haben, erreichen wollten und wollen. Der Berater hat uns dabei begleitet und mit seinen Fähigkeiten dort ergänzt, wo wir Bedarf hatten. Die Zusammenarbeit war auf Augenhöhe, und so ist es auch weiterhin. Er gibt uns viele Inputs, besonders in Bereichen und Themengebieten, wo er mehr Erfolg hat, fungiert als unser Sparringspartner und gibt uns eine Struktur in diesem gemeinsamen Projekt. Er genießt unser volles Vertrauen, denn er arbeitet mit unseren Experten gemeinschaftlich als Partner – was ihn deutlich von anderen Beratern unterscheidet, mit denen wir schon zusammengearbeitet haben. Unsere Transformation Map datiert bis 2020, das Ganze ist somit eine Strategie, die wir noch länger verfolgen werden müssen. Aktuell setzen wir gerade die ersten Projekte und Maßnahmen um, beziehungsweise arbeiten wir an der Vorbereitung der nächsten", sagte Viktoria. „Wenn es Sie interessiert", fuhr sie fort, „ kann ich Ihnen die fünf Werkzeuge, mit denen wir das Ziel auf der Transformation Map, nämlich unser Unternehmen in Richtung neue Welt des Arbeitens umzuwandeln, erreichen wollen, gerne zeigen. Einige davon haben die Bereichsleiter und ich gemeinsam mit dem Berater entwickelt, andere hat er uns empfohlen und gezeigt. Wir haben sie detailliert beschrieben, um etwaige Unklarheiten und Missverständnisse intern auszuräumen. Und wir haben auch noch eine Art Liste für den Selbstcheck entworfen. Ein paar Fragen, mit denen man herausfinden kann, ob das jeweilige Werkzeug für Sie und Ihr Unternehmen ebenfalls relevant sein könnte. Vielleicht sind sie ja auch für Sie hilfreich. Die fünf Werkzeuge also sind kurz zusammengefasst folgende:

Eine ‚Workstyle-Analyse‘, gemäß der Mitarbeiter anhand der Ausprägung ihrer Arbeitsweisen in Gruppen eingeteilt werden und danach einen sogenannten Mobilitätsgrad zugewiesen bekommen. Daraus lassen sich dann Arbeitsplatzausstattung, Werkzeuge und Tools sowie die passende IT ableiten und Kosten für nicht genutzte IT und Werkzeuge reduzieren. Ich komme auf die Workstyles gleich noch einmal zurück", sagte Viktoria und händigte ihm die erste Werkzeugbeschreibung aus.

WERKZEUG

Workstyle-Analyse

1. Kurze Beschreibung

Ein grundlegender Schritt in Richtung einer neuen flexibleren Arbeitsweise ist es, zwei Dinge im Unternehmen zu verstehen:

→ Wer arbeitet heute bereits zeitlich und räumlich flexibel und wer nicht?

→ Und wer hat das Potenzial, in Zukunft zeitlich und räumlich flexibel zu arbeiten?

Zu Klärung dieser wichtigen Fragen dient die sogenannte Workstyle-Analyse. Die Workstyle-Analyse kann von der HR-Abteilung unter Einbindung der Führungskräfte durchgeführt werden.

Mitarbeiter werden zu diesem Zweck sogenannten Mobilitätsgraden zugeordnet. Es wird nach mehr oder weniger mobilen Arbeitsweisen in drei bis zehn verschiedenen Mobilitätsgraden unterschieden. Dabei kann Mobilität externe Mobilität bedeuten, wie bei Key-Account-Managern oder Servicetechnikern, aber auch interne Mobilität. Manager haben typischerweise eine hochgradig interne mobile Tätigkeit, das heißt, dass ein Großteil der Tätigkeit kaum am eigenen Schreibtisch in konzentrierter Einzelarbeit stattfindet. Im Gegenteil – Managerinnen und Manager investieren den Großteil ihrer Zeit in Meetings und andere hochgradig kollaborative Arbeitsweisen.

Mithilfe einer Ist-Analyse der Mobilitätsgrade wird zunächst bestimmt, welche Mitarbeitergruppen ohnehin bereits mobil arbeiten, für diese wird sich die Arbeitsweise im Zuge einer New-World-of-Work-Transformation voraussichtlich nicht grundlegend verändern. Für die Gruppe der Mitarbeiter, die heute noch nicht ausgeprägt mobil arbeiten, ist es besonders wichtig, das Veränderungspotenzial zu untersuchen und daraus Schritt für Schritt die sogenannten Soll-Mobilitätsgrade abzuleiten. Diese bilden die Grundlage für die Planung der New-World-of-Work-Transformation in allen drei Veränderungsdimensionen – People, Place und Technology.

2. Ergebnisse und Nutzen für den Anwender

➡ Identifikation der Mitarbeiter und Mitarbeitergruppen, die heute bereits zeitlich und räumlich flexibel arbeiten und die von Veränderungen nicht stärker betroffen sein werden.

➡ Festlegung der Soll-Mobilitätsgrade für die Mitarbeitergruppen, die heute noch nicht mobil arbeiten.

➡ Mobilitätsgrade helfen, die zukünftige Arbeitsweise zu definieren. Das heißt, Prozesse anzupassen und die so wesentlichen Spielregeln für die Zusammenarbeit (Rules of Engagement) auszuarbeiten.

➡ Aus der Mobilitätsgradanalyse lassen sich überdies Anforderungen an technische Hilfsmittel ableiten. Welche Hardware wird erforderlich sein und welche Softwaretools fehlen noch im Unternehmen? Wer braucht genau was?

➡ Für die Planung eines Umbaus oder die Neuplanung der Firmenbüros stellt die Mobilitätsanalyse ebenfalls einen ganz wesentlichen Baustein dar. So hilft diese z.B., Mitarbeitergruppen zu identifizieren, die nach dem Shared-Desk-Prinzip arbeiten können.

3. Kernaussage

Die Workstyle-Analyse ist ein Grundbaustein für die New-World-of-Work-Transformation, aus dem sich Anforderungen in Bezug auf die Menschen und Prozesse, die zukünftige Technologie und die Büroarchitektur ableiten lassen.

● ●

● ●

ARBEITSSCHRITTE

In der Workstyle-Analyse wird im Grunde der Arbeitsalltag der Mitarbeiter (wann wird wo und wie gearbeitet) genauer betrachtet. Für die Durchführung der Analyse reicht ein einfaches Excel-Tool. Dieses wird von den Abteilungsleitern und Abteilungsleiterinnen ausgefüllt, die die beste Übersicht über die Arbeitsweise im Unternehmen haben. Oft reicht dieser Arbeitsschritt aus.

Für die Analyse von Workstyles muss zunächst entschieden werden, in welche Workstyle-Kategorien Mitarbeiter oder Funktionen unterteilt werden sollen.

Der Unterschied besteht im inhaltlichen Fokus. Dieser kann primär auf Arbeitszeitanteilen liegen oder auf der Büro- oder Technologieplanung. In der Praxis bewährt haben sich Workstyle-Definitionen mit Fokus auf Arbeitszeitanteilen, weil sich daraus eine Büro- und Technologieplanung leicht als zweiten Schritt ableiten lassen.

Im zweiten Schritt muss der Detaillierungsgrad bzw. die Untersuchungsperspektive festgelegt werden. Hier gilt es insbesondere zu klären, ob nur ein Soll-Profil festgelegt oder eine kombinierte Soll-/Ist-Analyse durchgeführt wird. Das heißt, mithilfe der Workstyle-Analyse wird im zweiten Fall untersucht, wie Mitarbeiter heute arbeiten und zu einem bestimmten Zeitpunkt in der Zukunft arbeiten sollen. Diese Variante ist zu empfehlen. Weiterhin muss entschieden werden, ob die Analyse auf Mitarbeiterebene mit höchstem Detaillierungsgrad oder auf Funktionsebene durchgeführt wird. Funktionsebene heißt, dass bestimmte Funktionen oder Jobprofile im Unternehmen analysiert werden, z.B. Vertriebsmitarbeiter im Mittelstandssegment oder Produktmanager. Diese Variante reduziert mitunter den Aufwand etwas.

Qualitativ bessere Ergebnisse und dadurch auch eine höhere Akzeptanz im Betrieb werden erzielt, wenn die von den Abteilungsleitern ausgearbeiteten Workstyle-Analysen in Workshops mit den Mitarbeitern validiert werden. Diese Validierung kann auch sehr gut mit der Aufnahme erster Anforderungen kombiniert werden. Dabei steht die Frage im Mittelpunkt: Was muss auf dem Weg zum Soll verändert werden? Das können Rahmenbedingungen sein, die angepasst oder geschaffen werden müssen, oder es müssen bestimmte Arbeitsweisen neu definiert werden (siehe dazu auch den Punkt „Rules of Engagement").

Die Ergebnisse der Workstyle-Analyse fließen unmittelbar in die Büro- und Technologieplanung ein und sind Voraussetzung für die Festlegung der neuen Arbeitsweisen, die über sogenannte Rules of Engagement zu definieren sind.

● ●

„Das nächste Werkzeug ist eine ‚Unified Communications Strategie', bei der analysiert wird, wo bestehende Geschäftsprozesse durch IKT-Werkzeuge optimiert werden können. Dazu werden die aktuelle IKT-Infrastruktur sowie die Verträge dazu geprüft und ein potenzielles Einsparungspotenzial in den Prozessen dargestellt und beziffert. Zum Schluss erhält man einen Umsetzungsplan, wie am besten vorzugehen ist, um das Potenzial zu heben", erklärte die Geschäftsführerin, als sie Gerhard Fink das nächste Dokument zuschob.

• •

WERKZEUG
Unified-Communication-Strategie

1. Kurze Beschreibung

Unified Communication verfolgt das Ziel, die Kommunikation über vielfältigste Kanäle wieder effizient und steuerbar zu machen. UC beschreibt die Integration von Kommunikationsmedien in einer einheitlichen Anwendungsumgebung. UC bildet die Brücke zwischen Kommunikations- und Informationskanälen, mit dem Ziel, dem Benutzer einfach an seinen (möglichst wenigen) Endgeräten mit möglichst einheitlicher Benutzungsoberfläche unter Nutzung des optimalsten, verfügbaren Transportweges (wireless oder wired) Zugang zu den gerade von ihm benötigten Applikationen (Business oder Privat) zu gewähren. Die Idee hinter UC ist, die Erreichbarkeit von Kommunikationspartnern in verteilter Arbeit zu verbessern und so Geschäftsprozesse zu beschleunigen.

Kapitel 8: Aufbruch in die neue Welt des Arbeitens

Der durchaus messbare Nutzen liegt in einer Steigerung der Produktivität der Mitarbeiter und damit des Unternehmens durch effiziente, zielgerichtete, gesteuerte Kommunikation sowie in einer direkten Kostenoptimierungen durch eine Reduzierung von Doppelgleisigkeiten im Netzbereich, eine kostenoptimierte Nutzung von Kommunikationsmedien, eine Reduzierung von Reisekosten (Videoconferencing) etc.

Mit dieser Analyse kann man einerseits identifizieren, in welchen Prozessschritten die Zusammenarbeit erleichtert werden kann, und andererseits, mit welchen Technologien dies erreicht werden kann. Durch die Analyse und Betrachtung der Prozesse werden Einsatzmöglichkeiten für Unified Communications eruiert. Es erfolgt eine Return-on-Investment-Berechnung, auf Basis derer eine Entscheidung über den Einsatz von Unified Communications getroffen werden kann.

2. Ergebnisse und Nutzen für den Anwender

→ Aufzeigen von konkretem Optimierungspotenzial durch Unified Communication in den spezifischen Unternehmensprozessen des Unternehmens

→ Darstellung des ROI durch Unified Communication in den verbesserten Geschäftsprozessen

→ Exakte Darstellung, welche Elemente von Unified Communication welchen Beitrag zu einer Effizienzsteigerung und/oder Kostensenkung leisten können

→ Konkrete Ansatzpunkte für das interne Change Management, um UC im Unternehmensalltag erfolgreich einzuführen

3. Kernaussage

UC ist keine Produktlösung, sondern ein Lösungs- und Organisationsansatz, der Kommunikationsprozesse vereinfachen und beschleunigen soll.

• •

• •

ARBEITSSCHRITTE

In einem strukturierten Workshop werden aus der Gesamtmenge an Geschäfts-, Support- und Managementprozessen jene Prozesse herausgefiltert, die einen hohen Kommunikationsaufwand an Zeit und Ressourcen oder einen hohen Abstimmungsbedarf haben.

Dadurch wird erreicht, dass

→ die für Ihr Unternehmen wichtigsten Prozesse in einem Workshop mit vertretbarem Aufwand identifiziert und analysiert werden können, und

→ nur die Geschäftsabläufe mit dem größten Optimierungspotenzial bearbeitet werden.

Die selektierten Prozesse werden auf Basis von „Key-Success-Faktoren" sowie hinsichtlich 50 UC-Einsatzkriterien analysiert. Dabei wird jeder Prozess auf die durchzuführenden Aktivitäten hin untersucht und konkret geprüft, ob diese durch den Einsatz einer adäquaten Technik optimiert werden oder sogar entfallen können.

Als erstes Ergebnis liegen Informationen vor, welche Tätigkeiten mit welchen technischen Maßnahmen verbessert werden könnten. Das Resultat ist die Gewichtung des UC-Potenzials einzelner Arbeitsschritte (der identifizierten Prozesse) mit der Häufigkeit und Anzahl der beteiligten Mitarbeiter.

Danach werden die IST-Abläufe mit den Möglichkeiten von Unified Communication optimiert (= Soll-Prozesse) und bewertet. Diese Soll-Prozesse werden mit Kosten ergänzt, sodass bei einer Gegenüberstellung mit den bestehenden IST-Abläufen und deren Kosten das Einsparungs- und Effizienzpotenzial ausgewiesen wird.

Parallel wird die technische Kommunikationsstrategie erstellt. Auf Basis einer Marktanalyse zur Technologieentwicklung der Telekommunikation (Endgeräte, Netze, Systeme etc.) und einer spezifischen Bestandsanalyse (aktueller Ausbau, Erweiterbarkeit, VoIP-Fähigkeit und Zukunftsperspektiven der bestehenden TK-Systeme, Verkehrsflüsse, Auslastung etc.) werden die Ausführungsvarianten dargestellt und deren Umsetzbarkeit und Kosten bewertet.

Alle erarbeiteten Ergebnisse und Anforderungen werden zu einem Konzeptvorschlag inklusive einer ROI-Darstellung auf Basis vorhandener Benchmarkdaten des Marktes zusammengefasst.

Damit kann eine Strategie beschlossen und ein Umsetzungsplan erarbeitet werden.

„Als drittes Werkzeug darf ich Ihnen eine ‚Mobility-Strategie' zeigen, bei der Zielgruppen und Anwendungsfälle für mobile Lösungen identifiziert werden und daraus Anforderungen an die Technik und Plattformen abgeleitet werden können", sprach Viktoria weiter und legte das dazugehörige Dokument vor Gerhard auf den Tisch.

• •

WERKZEUG
Mobility-Strategie

1. Kurze Beschreibung

Mobiles Arbeiten wird sich in vielen Geschäftsbereichen, wie etwa im Vertrieb, in der Technik oder auf der Managementebene, durchsetzen.

Es bedarf jedoch einer integrierten Mobility- bzw. mobile Enterprise-Strategie, um den Spagat zwischen Strategie, Organisation und Technik bestmöglich zu überwinden. Neben den Effizienzsteigerungen, die durch eine betriebswirtschaftliche Kosten/Nutzen-Betrachtung bewertet werden können, stellen sich auch Fragen im Zusammenhang mit der technischen Integration in die Infrastruktur- und

Applikationslandschaft, Schulung der Mitarbeiter, Abdeckung der rechtlichen Aspekte, insbesondere bei BYOD (Bring Your Own Device).

Eine klare Mobility- bzw. mobile Enterprise-Strategie ermöglicht es daher letztendlich nicht nur dem Anwender, die Vorteile der mobilen Endgeräte zu nutzen, sondern stellt auch beim Unternehmen sicher, dass diese Endgeräte und Applikationen in einer kontrollierten Umgebung integriert werden.

Allerdings ist es damit nicht getan, dass Mobile Devices beschafft werden, da am Markt unterschiedliche Plattformen existieren und sich keine homogene Landschaft abzeichnet. Vor allem aufgrund des Trends, dass Mitarbeiter auch ihre eigenen Geräte nutzen (BYOD), ist auf die Integration, das Management und insbesondere auf die Sicherheit Augenmerk zu legen.

Ein mobiles Endgerät ist allerdings nur ein Ausgabegerät. Der tatsächliche Nutzen entsteht erst durch die Verwendung der passenden mobilen Applikationen. Hier gibt es einerseits fertige Apps, die zum Download zur Verfügung stehen, und andererseits werden unternehmensspezifische Prozesse durch individuell entwickelte Apps bestmöglich abgebildet. Durch ein zentrales Management der Apps können beispielsweise Unternehmensapplikationen an relevante Mitarbeiter per Knopfdruck verteilt werden oder Apps können beispielsweise auch zentral gesperrt werden.

Unternehmen ohne langfristige Mobility-Strategie laufen Gefahr, dass ein Wildwuchs an Endgeräten, Plattformen und Applikationen entsteht, der letztlich nur schwer kontrolliert und effizient in die bestehende IT eingebunden werden kann!

Wichtig ist: Die Integration in das Service-Management des Unternehmens ermöglich es, die vorhandenen IT-Prozess zu nutzen, um einen reibungslosen Betrieb sicherzustellen, wie beispielweise die Einbindung des Helpdesks oder der Verwaltung der unternehmenseigenen Geräte in einem Asset Management.

2. Ergebnisse und Nutzen für den Anwender

➡ Klare Strategie zur Nutzung von mobilen Endgeräten (Plattformen, Betriebssysteme, Applikationen)

➡ Definition der Einsatzoptionen von Mobility, wo Prozesse effizienter und effektiver werden und dem Anwender das Arbeiten erleichtert wird

→ Analyse möglicher Eigenbetriebsmodelle – BYOD, COYD, Outsourcing etc. – und deren Bewertung

→ Erstellung eines Integrations- und Betriebskonzepts für Mobile Devices auf Basis der bestehenden Gegebenheiten (Infrastruktur, Organisationen, Prozesse, Security-Policies etc.)

→ Vorlage für Nutzungsrichtlinien aus Betriebssicht

→ Kostendarstellung für die Betriebsführung und Integration auf Basis der unterschiedlichen Betriebssysteme (Anschaffungskosten, Betriebskosten inklusive Supportaufwände, Lizenzkosten)

3. Kernaussage

Eine Mobility- bzw. mobile Enterprise-Strategie ist mehr als nur die Anschaffung von Smartphones oder Tablets. Sowohl die Geschäftsprozesse als auch die entsprechenden Applikationen und Infrastrukturen des Unternehmens sind für eine erfolgreiche Mobility-Strategie zu berücksichtigen.

• •

• •

ARBEITSSCHRITTE

Zuerst werden auf Basis von Nutzer-, Technologie- und Betriebssicht die Anforderungen des Unternehmens erhoben.

Basierend auf typischen Anforderungsprofilen werden maßgeschneiderte Anwendungsvorschläge erstellt und mit den Usern und ihren aktuellen Arbeitssituationen diskutiert, um die möglichen Profile und Einsatzszenarien von Mobile Devices zu definieren.

In dieser Analyse wird die Zukunft der Arbeit betrachtet, mit Fragestellungen wie: Welche Arbeitsanforderungen gibt es in Zukunft? Was motiviert die Mitarbeiter und unterstützt den Arbeitsprozess?

Im nächsten Schritt werden die Technologie- und die Betriebssicht im Unternehmen analysiert. Hier werden die bestehende IT- und TK-Infrastruktur, die Lizenzausstattung, die Security-Richtlinien und die Betriebsprozesse analysiert.

Auf Basis dieser Ergebnisse werden dann zwei bis drei Optionen für Einsatzszenarien entwickelt und mit einer Stärken/Schwächen- und Potential-Analyse miteinander verglichen. Die Bewertung erfolgt über Endgeräte, Software, Userakzeptanz, Sicherheit, Administration/Prozesse, Kosten und Zukunftssicherheit.

Abschließend wird die Mobility bzw. mobile Enterprise-Strategie des Unternehmens abgeleitet und dokumentiert.

●●●

SELBSTCHECK FÜR IHR UNTERNEHMEN

„Wenn Sie einen Blick auf Ihr Unternehmen werfen, welche der folgenden Aussagen treffen darauf zu?"

➡ Die Mitarbeiter nutzen unterschiedliche mobile Geräte, die zum Teil dem Mitarbeiter selbst gehören bzw. nicht unter Kontrolle der IT sind.

➡ Es werden an unterschiedlichen Stellen im Haus mobile Apps gekauft oder entwickelt.

➡ Die Mitarbeiter nutzen private Apps auch für Firmenzwecke (z.B. Dokumentenaustausch mit Dropbox).

➡ Sie sind in der Lage, die Unternehmensdaten remote zu löschen, falls ein Gerät gestohlen wird.

➡ Sie überlegen, mobile Devices selber anzuschaffen. Wenn ja, welche?

„Das vierte Werkzeug sind die sogenannten ‚Rules of Engagement', bei denen eine Art Spielregeln für die Zusammenarbeit und Kommunikation bei mobilem Arbeiten entwickelt werden. Die Mitarbeiter sitzen ja, wenn sie viel mobil arbeiten, kaum mehr beisammen, was die Zusammenarbeit schon deutlich verändert. Diese Spielregeln dienen dazu, den Mitarbeitern Sicherheit zu geben, wie sie sich verhalten sollen, und sorgen dafür, dass das Zusammenarbeiten auf Distanz reibungslos funktioniert. Ein wichtiger Ausgangspunkt für die Entwicklung der Rules of Engagement ist die vorhin erwähnte Workstyle-Analyse", erklärte sie und legte dabei das nächste Dokument vor dem Unternehmer auf den Tisch.

WERKZEUG

Rules of Engagement

1. Kurze Beschreibung

Die neuen Arbeitsweisen sind geprägt durch das Arbeiten auf Distanz. Das erfordert Spielregeln, im Fachjargon spricht man von sogenannten „Rules of Engagement". In Organisationen, die noch vermehrt nach dem Prinzip „Büropräsenz" arbeiten, sind diese Spielregeln nicht besonders erfolgskritisch. Denn wenn sich alle „Schäfchen" im Sichtfeld bewegen, funktionieren 70 Prozent auf Zuruf im Betrieb. Wenn die Leinen aber länger gelassen werden und die Mitarbeiter ihre Arbeitszeit und ihren Arbeitsort freier wählen können, dann plötzlich werden Spielregeln erfolgskritisch.

Diese Spielregeln müssen für die Zusammenarbeit und die Kommunikation auf Teamebene definiert werden. Wie soll zum Beispiel mit den elektronischen Kalendern umgegangen werden? Diese werden in den neuen Arbeitswelten extrem wichtig für die Abstimmung und Koordination im Team. Wie oft und wie lange kommt das Team physisch regelmäßig zusammen?

Weiter werden Spielregeln für die Zusammenarbeit zwischen den verschiedenen Teams im Unternehmen benötigt. Diese werden oft generelle Spielregeln genannt. Speziell sollte es Regeln für das Organisieren und das Durchführen von Meetings geben. Werden Meetings in Zukunft immer auch online übertragen, sodass jeder Mitarbeiter die freie Wahl hat, physisch oder virtuell an einem Meeting teilzunehmen?

Ganz wichtig sind Führungsspielregeln, denn Führung auf Zuruf und über Kontrolle funktioniert in den neuen Arbeitswelten nicht mehr. Das stellt für die Führungskräfte wie für die Mitarbeiter eine grundlegende Umstellung dar.

Hinsichtlich der Spielregeln kann man auf Best Practices zurückgreifen. Wichtig ist dabei jedoch, dass sie – wie ein Maßanzug – den Bedürfnissen und der Kultur des Unternehmens und der Bereiche angepasst werden. Diese Anpassung und Entwicklung sollte in den Teams unter Involvierung der Mitarbeiter des Unternehmens erfolgen. Erst wenn die Rules of Engagement „stehen", kann wirklich sinnvoll mit Arbeiten auf Distanz begonnen werden.

2. Ergebnisse und Nutzen für den Anwender

➜ Rules of Engagement geben den Mitarbeitern und Managern Sicherheit in den neuen Arbeitswelten. So ist klar, was von wem erwartet wird.

➜ Durch Rules of Engagement beginnt Arbeiten auf Distanz zu funktionieren.

➜ Viele Arbeitsweisen verändern sich positiv und vorhandene Ressourcen werden besser genutzt. Elektronische Kalender etwa, die in den meisten Firmen stiefmütterlich behandelt werden, entwickeln sich zu einem zentralen Dreh- und Angelpunkt für die Zusammenarbeit auf Distanz – ohne zusätzliche erforderliche Investitionen zum Beispiel in neue IT-Ressourcen.

➜ Rules of Engagement sind eine Grundvoraussetzung. Ohne diese sollte zeitlich und räumlich flexibles Arbeiten nicht gestartet werden.

3. Kernaussage

Ein Start in die neue Welt des Arbeitens sollte nicht ohne Spielregeln – sogenannte Rules of Engagement – erfolgen.

● ●

● ●

ARBEITSSCHRITTE

Voraussetzung für die Entwicklung von Rules of Engagement ist, dass die Workstyle-Analyse abgeschlossen ist. Das heißt, es muss geklärt sein, welche Mitarbeiter in welchem Ausmaß zukünftig zum Beispiel Home Office nutzen und dadurch weniger im Büro physisch präsent sein werden.

Ist der Workstyle geklärt, sollten zunächst die sogenannten Arbeitsszenarien identifiziert werden, die sich durch die neuen Arbeitsweisen stark ändern. Arbeitsszenarien sind Arbeitssituation oder Ausschnitte von Arbeitsprozessen. Es ist nicht erforderlich, ein komplettes Process Reengineering durchzuführen. Das würde über das Ziel weit hinausschießen. Es reicht vollkommen, den Fokus auf die relevanten Ausschnitte im Geschäft, die sich tatsächlich grundlegend ändern, zu richten. Beispiele für Arbeitsszenarien sind: „Organisation und Durchführung eines Abteilungsmeetings" oder „Unterschriftenumlauf". Wie funktionieren diese, wenn nicht mehr alle relevanten Mitarbeiter immer im Büro physisch anwesend sind?

Sind die relevanten Arbeitsszenarien identifiziert, geht es darum, die Spielregeln für die einzelnen Arbeitsszenarien festzulegen. Dies erfolgt zumeist in Prosaform, wie die Anleitung zu einem Gesellschaftsspiel. Ein Beispiel: „Organisation und Durchführung eines Abteilungsmeetings". Hier kann man zum Beispiel festlegen, wie zukünftig zu Meetings eingeladen werden soll, z.B. nur über den elektronischen Kalender. Dann sollte auch festgelegt werden, dass zukünftig alle Mitarbeiter den elektronischen Kalender auch tatsächlich korrekt führen müssen und wie genau das aussehen soll. Denn ohne einen „sauberen" elektronischen Kalender wird die Zusammenarbeit auf Distanz zum Chaos. Dann könnte man auch definieren, dass standardmäßig jedes Meeting online über das Videoconferencing-System im Betrieb übertragen wird, damit die Teilnehmer frei in ihrer Entscheidung sind, physisch oder online teilzunehmen, usw.

Wichtig bei der Festlegung von Spielregeln oder Rules of Engagement ist es, zwischen Spielregeln, die für das gesamte Unternehmen gelten, und abteilungsspezifischen Spielregeln, die die Unternehmensspielregeln ergänzen, zu unterscheiden. Die Spielregeln sollten in Workshops mit den Führungskräften und den Mitarbeitern gemeinsam erarbeitet werden.

Sind die Spielregeln erst einmal aufgestellt, dann sollten diese schrittweise weiter optimiert werden, unter Nutzung der im Transformationsprozess gewonnenen Erfahrungen. Man sollte nicht versuchen, perfekte Spielregeln von Beginn an aufzustellen. Wichtig ist es vielmehr, Fehler zuzulassen und diese dann systematisch auszuwerten und in Verbesserungen zu übersetzen. Wer versucht, perfekt in die neue Welt des Arbeitens zu starten, beraubt sich um Zeit, Geschwindigkeit und Flexibilität.

Ein wichtiger Anhaltspunkt zur Vermeidung von Überperfektionismus ist: Die meisten Firmen kommen mit Spielregeln für 30 bis 40 Szenarien aus. Alles, was darüber hinausgeht, ist wahrscheinlich ein Quäntchen zu viel an Detail und Perfektionismus.

● ●

„Und zum Schluss noch das Werkzeug für die ‚Erfolgsmessung', die laufend stattfindet und von zentraler Bedeutung ist. Dabei werden Kriterien zur Fortschrittsmessung entwickelt, wie weit und erfolgreich wir schon Maßnahmen umgesetzt haben, auf dem Weg in Richtung neuer Arbeitsweisen. Hier geht es um eine klare Messbarkeit und auch um eine Nutzendarstellung für uns im Management, aber natürlich auch für die Mitarbeiter. Denn ohne klaren Business Case können wir uns nicht erlauben zu investieren. Die Kosten und Nutzen müssen klar sein. Diese Werkzeuge sind im Endeffekt der Schlüssel für unsere Weiterentwicklung. Wenn wir uns an unsere Vereinbarungen und an die Werkzeuge halten, sie umsetzen und die Umsetzung natürlich auch messen – was wir selbstverständlich tun –, werden wir auch nicht vom Kurs abkommen", schloss Viktoria ihre Ausführungen ab und reichte dem Unternehmer das letzte Dokument.

●●

WERKZEUG
Erfolgsmessung

1. Kurze Beschreibung
Die New-World-of-Work-Transformation eines Unternehmens erfordert Zeit und erhebliche Investitionen. Allein schon aus diesen Gründen ist es erfolgskritisch,

die erzielten Fortschritte auf dem Weg genau zu messen und ständig im Auge zu behalten, ob der angestrebte Return on Investment auch erreicht wird.

Diesem Zweck dient die New-World-of-Work-Erfolgsmessung. Die Erfolgsmessung erfolgt mittels Balanced-Scorecard-Methodik, die es erlaubt, Finanzkenngrößen und nicht finanzielle Kenngrößen miteinander verknüpft zu messen und zu bewerten. Diese Kenngrößen definieren gemeinsam den New World of Work Benefit Case, den es zu erreichen gilt.

Vor Beginn des Transformationsprozesses wird zunächst eine Referenzmessung der Kenngrößen in der New World of Work Balanced Scorecard vorgenommen – sozusagen im unveränderten Grundzustand. Diese Referenzmessung dient als Bezugsbasis für Vergleichsmessungen in den kommenden Jahren, sodass sich erzielte Veränderungen klar nachverfolgen lassen. Für die Analyse werden unterschiedliche Informationsquellen genutzt, zum Beispiel bereits vorhandene Betriebsdaten, Mitarbeiterbefragungen, aber auch Tiefeninterviews, die es ermöglichen, die untersuchten Daten aussagekräftig zu interpretieren.

Die Untersuchungen werden durchgeführt durch das New World of Work Forschungszentrum an der IMC FH Krems in Kooperation mit der TU Wien. Auf diesem Weg sind die Neutralität der Erfolgsmessung und die vertrauliche Behandlung von Daten und Informationen insbesondere aus Mitarbeiterbefragungen garantiert. Das ist wichtig, um wirklich authentische Einblicke zu erlangen. Durch die verknüpfte Analyse aus unterschiedlichen unabhängigen Datenquellen wird eine sehr hohe Aussagekraft der Messdaten erreicht.

2. Ergebnisse und Nutzen für den Anwender

→ Die Gewinnung von Steuerungsdaten für das laufende Transformationsvorhaben. Welche Teilprojekte sind gut unterwegs? Wo gibt es Verbesserungspotenziale im laufenden Programm? – das sind Fragen, die durch die Erfolgsmessung kontinuierlich beantwortet werden.

→ Die Schaffung von Transparenz über erzielte Fortschritte für die Belegschaft und das Management im Unternehmen. Das ist wichtig für den People-Change-Prozess im Unternehmen.

→ Die Bestimmung des Return on Investment am Ende des Transformationsprogramms und die Beantwortung der Frage, ob sich die Investitionen gelohnt haben.

→ Extern können die gewonnenen Daten für das Employer Marketing und zur Verbesserung des Employer Branding genutzt werden. So kann in klaren Zahlen, Daten und Fakten kommuniziert werden, wofür die neuen Arbeitsweisen im Unternehmen stehen. Das ermöglicht wiederum einen besseren Zugang zum Arbeitsmarkt und zu den richtigen Mitarbeiterressourcen.

→ In vielen Fällen können die gewonnenen Daten auch für das Produktmarketing genutzt werden. Das hängt allerdings vom jeweiligen Geschäftsfeld des Unternehmens hängt.

3. Kernaussage

Die erheblichen Investitionen, die über einen langen Zeitraum für eine New-World-of-Work-Transformation erforderlich sind, erfordern die Absicherung durch eine kontinuierliche Erfolgsmessung.

• •

• •

ARBEITSSCHRITTE

Als inhaltliche Grundlage für die Erfolgsmessung ist der erste Schritt, im Managementteam festzulegen, was sich im Unternehmen durch die Einführung neuer Arbeitsformen verändern soll und wird. Das heißt, es werden die Ziele der New-World-of-Work-Transformation definiert und eine sogenannte New World of Work Balanced Scorecard aufgestellt. Diese Balanced Scorecard setzt sich zusammen aus Finanzzielen und nicht finanziellen Zielen (z.B. Steigerung der Mitarbeiterzufriedenheit oder Reduktion der Mitarbeiterfluktuation).

Im nächsten Schritt muss geklärt werden, welches Ziel wie gemessen werden kann. Können zum Beispiel bereits vorhandene Betriebskennzahlen verwendet werden, müssen neue zusätzliche Daten im Betrieb erhoben werden, und welche Informationen müssen zum Beispiel mittels Mitarbeiterbefragung ermittelt werden? Das heißt, es wird der Methodenmix für die Messung der relevanten Kenngrößen festgelegt. Zumeist handelt es sich um einen Mix aus den durch die Analyse gewonnen Betriebskenngrößen, Mitarbeiterumfragen und ergänzenden persönlichen Tiefeninterviews.

Wenn Ziele und Vorgehen zur Ermittlung der relevanten unterliegenden Kenngrößen definiert sind, kann mit der sogenannten Referenzmessung begonnen werden. Die Referenzmessung muss vor Beginn des Transformations-prozesses durchgeführt werden. Mithilfe dieser Messung wird der Ursprungs- oder Ausgangszustand ermittelt. Dieser dient dann als Vergleichsbasis für die Erfolgsmessung in den kommenden Jahren.

Die Vergleichsmessungen mittels Mitarbeiterbefragung und Tiefeninterviews werden möglichst in Jahresabständen im Zuge des dann laufenden Transforma-tionsprogrammes durchgeführt. Ausnahmen sollten aber bei wichtigen Meilen-steinen gemacht werden. Ein wichtiger Meilenstein kann etwa der Umzug in ein neues Büro oder die Wiedereröffnung des Büros nach einer grundlegenden Umgestaltung sein. In diesem Fall kann es sinnvoll sein, zeitnah außerhalb des Jahresrhythmus zusätzliche Messungen vorzunehmen.

Es ist durchaus günstig, wenn dieser Jahresrhythmus mit dem Finanzjahr syn-chron ist, da dann Betriebskennzahlen und Befragungsdaten zum selben Zeitpunkt verfügbar sind. Das ist aber kein Muss.

Die Auswertung der Daten aus den verschiedenen Quellen (Betriebsdaten, Befragungsdaten etc.) müssen miteinander vernetzt analysiert werden. Es reicht nicht, zum Beispiel nur Befragungsdaten zurate zu ziehen. Dieses Bild wäre zu ungenau. Erst aus der Kombination der unterschiedlichen und unabhängigen Quellen ergibt sich ein verlässliches Bild.

● ●

SELBSTCHECK FÜR IHR UNTERNEHMEN

„Wenn Sie einen Blick in Ihr Unternehmen werfen, welche der folgenden Aus-sagen treffen darauf zu?"

➜ Sie haben bereits definiert, was genau Sie mit der Einführung neuer Ar-beitsformen erreichen wollen.

➜ Sie haben das in klar messbare Ziele übersetzt.

➜ Es ist bereits klar, über welchen Zeitraum wie hohe Investitionen für eine New-World-of-Work-Transformation erforderlich sein werden und dass diese sich rechnen.

➜ Es ist klar, wie alle Teilprojekte im New-World-of-Work-Transformations-programm gesteuert werden sollen. Nur über Meilensteine?

Viktoria machte eine kurze Pause, um das Gesagte wirken zu lassen, bevor sie fortfuhr. „Eine wichtige Erkenntnis in unserem damaligen Strategieworkshop war, dass wir mit all diesen Problemen nicht alleine dastehen, dass viele – vielleicht sogar fast alle Unternehmen – mit diesen Aufgaben und Themen konfrontiert sind. Deshalb habe ich mich auch entschlossen, ein wenig von unserem Wissen an andere weiterzugeben."

Gerhard Fink starrte sie ungläubig an, als hätte sie sich einen schlechten Scherz erlaubt. „Vielen Dank dafür! Warum tun Sie das? Warum geben Sie dieses Know-how einfach so weiter?", fragte er. Die Geschäftsführerin lächelte. „Nennen Sie es ‚Einzahlen ins Karma', wenn Sie wollen. Für mich ist es einfach nur logisch und gar nicht so selbstlos, wie es auf den ersten Blick scheint. Um es mit den Worten eines meiner Kollegen auszudrücken: ‚Unternehmen der nächsten Generation agieren wie ein intelligenter Fischschwarm.' Und je schneller wir erkennen, dass wir Teil eines solchen Fischschwarmes sind, desto eher können wir gemeinsam unsere Intelligenz nutzen, um zu überleben. Und mehr als das: um zu wachsen. Je mehr und je schneller Unternehmen verstehen, was die Zukunft bringt, desto rascher können wir gemeinsam handeln."

Gerhard nickte begeistert. „Ich kann mich nur nochmals ganz herzlich bei Ihnen bedanken", sagte er. „Aber", fuhr er fort, „was ist denn eigentlich nun aus dem Kunden geworden, dessen wichtigen Auftrag Sie verloren haben, der, der die ganze Transformation überhaupt angestoßen hat?" Die Geschäftsführerin lächelte und sah auf die Uhr. „Gut, dass Sie mich daran erinnern", sagte sie, stand auf und streckte ihm zum Abschied die Hand entgegen. „Genau zu diesem Kunden fahre ich nun, um mit ihm beim Abendessen die Strategie für unsere künftige Zusammenarbeit zu besprechen und ihm von unseren Erfolgen im Bereich neue Welt des Arbeitens und Customer Experience Management zu erzählen. Er interessiert sich sehr dafür."

Dank

Dieses Buch zu schreiben war ein Wunsch, der uns bereits seit einiger Zeit begleitet hatte, und mit jedem Tag und Gespräch zu diesem Thema stärker wurde. Dass dieser Wunsch Realität geworden ist, verdanken wir einer großen Anzahl an Personen.

Unser spezieller Dank gilt an dieser Stelle unseren Interviewpartnern, jenen Top-Managerinnen und Top-Managern, die trotz ihrer vollen Terminkalender großes Interesse an unserem Thema und diesem Buch gezeigt haben und uns etwas sehr Wertvolles geschenkt haben – nämlich ihre Zeit und ihre unschätzbare Expertise. Es war sowohl spannend als auch extrem lehrreich für uns, diese Interviews mit Ihnen zu führen. Vielen Dank an (Reihenfolge gemäß der Struktur des Buches) Ing. Rudolf Kemler, Mag. Jochen Borenich MBA, Dr. Johannes Kopf, Mag. Brigitte Ederer, Dr. Gerald Hübsch, Dipl. Kfm. Marcus Frantz, Georg Obermeier, Mag. Thomas Kralinger, Willibald Cernko, Ing. Theodor Hebnar, DI Michael Korbacher, DI Dr. Rudolf Hammerschmid, Mag. Monika Kircher, Mag. Günter Thumser und Ing. Martin Katzer MBA.

Vielen Dank auch allen Gesprächspartnern, Kollegen und Mitarbeitern der HMP sowie unseren Eltern, die uns bestärkt haben, dieses Buch zu schreiben und bereits im Erstellungsprozess Kauforder abgegeben haben.

Ein ganz spezieller Dank gebührt Viktoria Schmutzer-Sommerer. Mit ihrer großartigen Fähigkeit, aus unseren Ideen eine Geschichte zu machen, war sie es, die in vielen Stunden des Schreibens und Workshops dem Buch und den handelnden Personen Leben eingehaucht hat. Sie hat von Anfang an an uns und an unsere Idee geglaubt und das Sprühfeuer unserer Themen immer wieder kritisch hinterfragt, so lange, bis auch ihrem hohen Qualitätsanspruch genüge getan war. Liebe Viktoria, ohne dich wäre dieses Buch wohl nicht entstanden und so schnell umgesetzt worden.

Wir bedanken uns auch bei Mag. Jochen Borenich MBA, der die Idee von Anfang an unterstützt hat und dessen Wissen und Erfahrung ebenso eingeflossen sind wie sein umfangreiches Netzwerk an Top-Managern, von denen er viele als Interviewpartner gewinnen konnte. Wir wünschten, es gäbe mehr so energiegeladene, konstruktive Besprechungen, wie wir sie mit dir hatten.

Großer Dank gebührt auch Karen Bartz, die als erste Leserin des Buches wertvolle Inputs und Feedback gegeben hat.

Wir widmen dieses Buch unseren geliebten Töchtern Valentina (geboren 2011) und Annalena (geboren 2000), beide Generation Z, und ihren strahlenden Augen, mit denen sie uns jeden Abend aufs Neue begrüßen und auch die anstrengendsten Tage in Sekundenschnelle wegwischen können. Auf ihre Reaktionen zum Buch in ein paar Jahren sind wir beide schon sehr gespannt …

Weiterführende Ressourcen

Blogs und Homepages im Internet

New-World-of-Work-Blog des Autors Michael Bartz:
www.newworldofwork.wordpress.com
Blog und Firmenhomepage des Autors Thomas Schmutzer:
http://hmpberatung.blogspot.co.at, www.hmp-consulting.com
Homepage, über die Besichtigungstouren durch das Büro von Microsoft in Wien
gebucht werden können:
www.microsoft.com/de-at/unternehmen/das-neue-arbeiten
Homepage der IMC Fachhochschule Krems mit Informationen über das New
World of Work Forschungszentrum:
www.fh-krems.ac.at
Homepage des Expertennetzwerks DNA:
www.dasneuearbeitendna.com

Ausgewählte Bücher

Beise, M. und Jakobs, H.-J.: Die Zukunft der Arbeit, Süddeutsche Zeitung Edition, 2012
Breitner, A.: Being Social – Einfluss von Social Media auf Unternehmenskultur, Kommunikation und auf die Arbeitsplätze der Zukunft, Holzhausen Verlag GmbH, 2012
Cecil, R. D. and Rothwell, R. J.: Next Generation Management Development, Pfeiffer, 2007
Donkin, R.: The future of work, Palgrave Mmacmillan, 2010
Gratton, L.: Job Future – Future Jobs, Hanser, 2011
Hamel, G.: Das Ende des Managements – Unternehmensführung im 21. Jahrhundert, Econ, 2008
Maitland, R. and Thomson, P.: Future work – How business can adapt and thrive in the new world of work, Palgrave Macmillan, 2011
Viljakainen, P. A. and Müller-Eberstein, M.: Digital Cowboys – So führen Sie die Generation Playstation, Wiley VCH-Verlag, 2012

Die Autoren

Michael Bartz ist langjähriger Industriemanager (Philips, Capgemini Consulting, Microsoft). 2010 hat er sich seinen Lebenstraum erfüllt und eine Professur an der IMC FH Krems angenommen. Dort leitet er das „New World of Work"-Forschungszentrum. Dieses ist spezialisiert auf die Erfolgsmessung von New-World-of-Work-Unternehmenstransformationen. Zielsetzung ist die Messung und Bewertung der betriebswirtschaftlichen Erfolge und Verbesserungen durch die Einführung neuer innovativer Arbeitsformen und -technologien in Unternehmen. Informationen und Ergebnisse aus laufenden Forschungsprojekten werden regelmäßig im New-World-of-Work-Blog veröffentlicht: www.newworldofwork.wordpress.com.

Mag. Thomas Schmutzer, CMC, ist Geschäftsführer und Gesellschafter der HMP Beratungs GmbH und seit über zehn Jahren in der ITK-Branche tätig. Seine Beratungsschwerpunkte sind Unified Communications und die New World of Work – zu diesen Themen hält Thomas Schmutzer Vorträge und schreibt eine Kolumne in der Zeitschrift *Report*.

HMP Beratungs GmbH ist ein internationales Beratungsunternehmen und spezialisiert auf die technologische und organisatorische Optimierung von Prozessen. Seit 1993 bietet HMP in Österreich Technologie- & Organisationsberatung aus einer Hand und hilft ihren Kunden, Prozesse zu verbessern und Kosten zu senken. www.hmp-consulting.com